U0136960

佛教的根本問題

吳汝鈞等著

臺灣學生書局印行

序

過往我替國立中央大學中文所與哲研所開設過很多課程，大部分都以對話詮釋的方式進行，每一課程了結後都把內容整理，出版成書。這本書也是一樣，只是有一點不同：在很多章節中，我的發言特別多，同學們的發言相對地比較少。對話詮釋的特點是老師與同學之間關係比較密切，氣氛比較輕鬆，探討的問題可以很多元，有些觀點與問題會即時被提出來，這要視討論的主題的關聯性而定。

近年讀書與寫書，精力大幅度下滑，特別在忘記字彙與文法規條方面為然。一九七四年我到日本京都大學，初見佛教學部的梶山雄一教授，他便說到在佛學研究方面，語文的學養是要先措意的：原典與翻譯方面有梵文、巴利文、佛教漢文與藏文；研究方面有英文、日文、德文與法文。必須先掌握這八種語文，進行佛學研究才算足夠。迄今我學過中、英、德、日、梵、藏六種語文，已經吃盡苦頭，但在梶山教授來說，仍是不及格的。有人說我甚麼精通這六種語文，使我非常汗顏。我根本不是學習語文的材料；學習這些語文是逼出來的。就拿中文來說，天天看中文，天天寫中文，但能否算是精通中文呢？也沒有信心來說。有時對於一個字，這樣寫也可以，那樣也可以，最後只能求助於字典。其他的語文更是不必說。特別是西藏文與梵文，在字彙與文法方面，天天在忘懷，在流失。

我時常想，要把梶山教授所提出的八種語文學習到可以應用的程度，勢必到六十、七十歲才行，人可能會惹出諸種疾病，或者快要死了，還做甚麼佛學研究呢？我在年輕時曾經花了十五年時間，編著一部《佛教思想大辭典》的吃力不討好的工作，現在如要做這種工作，想都不敢想。

回返到這本《佛教的根本問題》方面，由於近年的健康不好，在講課方面，便沒有十多年前作的對話詮釋般清晰流暢。（實話實說，這些對話詮釋是不是清晰流暢，也很難說。）對於一些概念或觀點，時常有講完又講的重複的情況，雖然在交付印刷之前已作過一些刪剪，但不是完全妥當。另外，這種對話詮釋不是嚴格意義的佛學研究；我們毋寧把它視為對佛教的概念、觀念和問題的分析與展開，希望讀者不要在學術性研究方面有太多的期待。

這本書原初定為《佛教詮釋學》，後來覺得用詮釋學字眼不夠具體，因而改為《佛教的根本問題》。另外，講課的內容，原先包括印度佛教的中觀學、唯識學和如來藏思想。後來覺得包含釋迦牟尼的思想在內的原始佛教也很重要，應該也要處理，於是撥一章來講原始佛教，這樣便影響到講中國佛教的時間。本來是包括天台、華嚴與禪的，但講完了天台、華嚴後，已經沒有時間講禪了，於是便把拙著《游戲三昧：禪的實踐與終極關懷》中的〈壇經的思想特質——無〉一文收進來。請讀者垂注。

上面說我到日本留學，後來又到德國、加拿大，東西洋的水都飲過了，還是以到日本有最大的收穫。自一九九二年，我幾乎每年都到日本一次，最重要的是蒐集研究資料。由於自己研究興趣很多元，買了很多著書，包括天台學、禪學、中觀學、唯識學、德國觀念論、現象學、京都哲學等多方面。只要是覺得有用的都買了。當時沒有想到自己有多少精力和時間去閱讀、參考這些著書，特別是京都學派哲學方面的。在這最後者，包括一般的概論或專論，自然不會放過，連大型的全集、著作集，例如《西田幾多郎全集》、《西田哲學選集》、《西谷啟治著作集》、《久松真一著作集》，及田邊元、武內義範、阿部正雄、上田閑照等的著作，以及於最大部頭的《京都哲學撰書》，應有盡有。這些著書都是以日文寫的。至於用英文、德文寫的，也不放過。或許可以這樣說，除了日本之外，我所擁有的有關京都哲學的著書，是最豐富的。我頗有這樣的想法，要盡量吸收京都哲學的好處，做一個京都哲學研究的專家，發揚它的以絕對無作為終極原理的絕對無的哲學。不意於十五年前，我在一場大病之後，悟得作為終極原理的純粹力動觀念，於是環繞這個觀念來造論，寫了《純粹力動現象學》、《純粹力動現象學續篇》和《純粹力動現象學六講》這幾本書。我覺得作為終極原理的純粹力動，較京都哲學的絕對無，更具有動感性格，以創生存在世界。關於這點，我在《純粹力動現象學續篇》（臺灣商務印書館，二〇〇八）一長文〈純粹力動與絕對無：我與京都哲學的分途〉有詳細的解說。之後我對京都哲學便失去興趣，偌大的書堆擺放在書房中，不知怎樣處理才好。

在現象學方面也差不多。二十多年前我受到瑞士學者耿寧（Iso Kern）的啟發，開始看胡塞爾的現象學的著作，如《邏輯研究》、《大觀念》、《經驗與判斷》、《笛卡兒式沉思錄》、《現象學觀念》、《歐洲哲學的危機與超越現象學》之屬，也參考過這些書的專門研究。後來到日本，發覺大量胡塞爾著作的日譯本，比其他語文的翻譯更為豐盛。有一年我到東京，在其環狀線的池袋站下車，步行幾分鐘便到淳久堂書店。這可能是日本最大的書店，是一座大樓，共有七層，其中第三與第四層是專門擺放哲學、宗教、藝術和心理學方面的書。我蒐購了大量現象學的書，那是胡塞爾哲學著作的日文翻譯和研究用書，其中的譯者和作者如渡邊二郎、立松弘孝、木田元、野家啟一、新田義弘、榊原哲也等，都是負盛名的。到信用卡刷爆了才停手。對於這些著書，我覺得有興趣的便買下來，根本沒有想到有沒有時間與精力來看，來參考。都空置在書房中。

上面兩段文字絮絮不休地說及一些不大相關的雜事，自己也覺得有點無聊。

以下交代書中各章的記錄和撰述者：

前言：吳汝鈞講，張子妍（中央大學博士生）記錄。

第一章原始佛教：吳汝鈞講，張子妍記錄。

第二章中觀學：前面部分廖冠威（中央大學碩士生）撰文，後面部分吳汝鈞講，廖冠威記錄。

第三章唯識學：張子妍撰文。

第四章如來藏思想：王明翠（中央大學博士生）撰文。

第五章天台學：吳汝鈞講，王明翠、宋松山（中央大學博士生）記錄。

第六章華嚴學：吳汝鈞講，劉珏伶（中央大學碩士生）、廖冠威記錄。

第七章壇經的思想特質——無：吳汝鈞撰文。

最後，我對全部稿件作總的審定。

是為序。

吳汝鈞

2022.5

佛教的根本問題

目　次

前　言

吳汝鈞：佛教的義理有很多方面，主要以印度佛學和中國佛學為主。這兩個派別的佛學合起來可以展示出佛教最基本的概念、義理和實踐的方法，也各有深度和廣度的發展。我們在這裡集中講印度佛學和中國佛學。

我具體把講課的內容說一下。在印度佛學方面，我只挑三種講法，也就是三個學派，中觀學、唯識學，然後是如來藏的思想。當然，我不會忽視原始佛教。這些學派的思想你們有沒有聽過？有沒有接觸過這方面的學問？都有一些了解是嗎？有一些印象是嗎？中國佛學也是在這三方面的教義學理來做為標準，就是對應印度佛學挑選出來，我講三個學派的思想，一個是天台，一個是華嚴，一個是禪。所以，我們這個課程的對象是印度佛學的中觀學、唯識學、如來藏思想，然後是中國佛學的天台宗、華嚴宗與禪宗。在這些方面，各位同學有沒有一些問題呢？

接下來，是一些參考的文獻。當然佛學做為世界上三個大的宗派之一，它的發展，從它的範圍跟區域來講是非常深廣的，大家可能要看一點書。我個人在學問上的本業就是佛學，在這方面已經做過超過半個世紀的研究。最近在這十多年來我才提出一種哲學的、形而上學的理論，就是純粹力動現象學，可能各位還沒聽過這種學問。大概十多年中我就轉向這方面，少做佛學研究，把焦點、重點放在純粹力動現象學的哲學特別是形而上學的開拓，在這方面努力。不過，因為我研究佛學已經超過半個世紀，對佛學的基本義理和實踐方法，也有一些個人的看法。在佛學研究方面也寫了很多書，在這個課程裡面所提出的那些參考文獻、論文和著書，都有個人的一些意見。在這個課程裡面，我對佛學的了解，都反映在我的一些著書裡面。當然還有別人的很多很多有關佛學教理和實踐的研討，你們都可以參考。在這裡，我拿了一些自己寫的專書讓各位了解一下。在印度佛學和中國佛學方面，我寫了兩本書，一本是《印度佛學的現代詮釋》，另一本是《中國佛學的現代詮釋》，這兩者是以詮釋學的角度，來詮釋佛教的義理和實踐的方法。你們可以拿來參考，也可以拿其他人所寫的著書來參考。

另外，我對印度佛學跟中國佛學，做了一種全面性的詮釋，提出它的教法的重點在哪裡，實踐的方法又在哪裡，是比較全面的詮釋整理。另外，我寫了這本《佛教的當代判釋》，這是用判教的方式來處理和安排佛教的全盤義理和實踐。這本書比較深一點。《印度佛學的現代詮釋》和《中國佛學的現代詮釋》，則是比較淺白一點。

張子翎：請問老師這些書我可以看看嗎？

吳汝鈞：我就把這些書傳給你們看。

吳汝鈞：《印度佛學的現代詮釋》和《中國佛學的現代詮釋》是比較一般性的討論，對佛學的義理和實踐的方法做一般的探討。比較深入的全盤性整理佛教的義理和實踐，則表現在《佛教的當代判釋》裡面。如上所說，很多其他學者在這方面都做過一些功夫，也有一定的價值，要怎樣去選擇閱讀參考的資料，各位同學可以就自己的興趣，自己的基本了解，來做一個判別，看看在參考書這方面怎麼選擇。

現在我談一下我們的課程、討論的方式或者進行的方式。因為印度佛學方面是三個學派，中國佛學也是三個學派，合起來是六個學派。我先講講課程的進行方式，因為大家都是研究生了，水平應該比一般大學生好一點，所以，我們就不用一般的教課方式，就是說老師在課堂上講內容，同學認為重要的就會記下來。這是大學生上課的教學方式，我們這個課程用其他的方式：每位同學基本上按所規劃的教理和實踐，負責自己的部分，寫一份報告，在上課時提出你的報告，大家一起來討論並且發問。我個人也會對同學的報告提出一些意見，讓同學參考，有時候我也會修改同學的報告內容，改正裡面的一些講法，因為同學提出的報告可能有誤解，我會對同學的誤解，做進一步的指示。每位同學大概負責兩週時間的報告，把報告和我們的討論，做成逐字稿把它記錄下來。這講課基本上是以對談的方式來進行，而不是老師在課堂講課然後同學記下來，不是這種。這種另類上課的氣氛會很輕鬆，基本上是以一種對談的方式來上課，同學感到的壓力不會那麼大。最後我們再把逐字稿全盤整理，看看有沒有出版的價值，如果有的話，我會拿去出版成書，讓沒有參加講課的朋友也可以讀到。

我大概是在十八年前從香港過來臺灣的中研院，大底每年替中央大學開一門課。基本上都是以這種方式來講課，最後把逐字稿整理好拿去出版，到現在大概已經有十多本書出版了。每一位有報告的同學也是作者。這種方式對同學來講是比較新，跟平常大學講課授課的方式不一樣。這種方式也不是我個人的發明，在歐美很多大學都是這樣，就是到了研究所的階段，採取這種方式來做，把要講的內容按照同學所分配的範圍，讓同學都提出意見以及大家討論。希望可以安排到每位同學都有他所要負責的部分。

我們的課程是 official 的，由中央大學開設，最後我會對各同學打一個分數。因為各位同學都是選修，選修就是要計算成績，也就是要如何去計算你們的成績，一般來講就是考試，再來一種方式就是寫論文，另一種就是我剛才所講的新的方式，以剛提出的所謂逐字稿的方式來作為分數的依據，我們不用考試，也不用寫論文，而是以個人提出的報告然後大家討論，最後做出逐字稿，做得怎麼樣我就會給一個分數。

張子妍：請問老師，這個逐字稿有沒有規定要幾多字？

吳汝鈞：大概就是每個同學要負責報告內容，然後對報告的問題提出來，同學之間互相討論，同學跟老師之間也會討論，最後做成逐字稿，我再依逐字稿來打分數。這樣的方式在日本、歐美國家，很多大型的研究院都是用這種方式來處理。各位同學在這方面有沒有問題呢？這種處理的方式就是互相溝通的一種對話的方式，氣氛比較輕鬆。

王明翠：老師我想問一下，我們的報告是要按照寫論文的格式去寫？

吳汝鈞：每位同學對負責的部分去寫，然後報告，大家一起討論，我們上課就是用這樣的方式來進行。同學先讀那個報告，解析那個報告，然後同學會互相討論，還有（challenge）挑戰，老師也會參與其間，提出補充，做一種總結。

我們講課討論的規範或者是方法，基本上就是以印度佛學和中國佛學兩方面各各不同的學派，他們所提出不同的義理、概念、觀念跟實踐的方法。我們主要著眼點是在這方面看怎樣去做報告，把它讀出來，大家有一種對談的探討，最後把這些報告和對談的內容，以逐字稿的方式呈現出來。所以我們在這門課裡面，拿來探討的是有一定的規格、標準，不是每一個觀點每一個問題都拿來探討，我們是選最重要的，在義理上最重要的內容拿來探討。

不管是印度佛教也好，中國佛教也好，它最根本的內涵是怎樣？釋迦牟尼佛做為佛教的教主，它基本關心的問題和看法是怎樣，這不光是配合印度佛學和中國佛學這方面的發展，而是中國佛教和印度佛教做為一個佛教的宗派，他們的共同關心的是甚麼，各自的獨特的說法又是甚麼。我們先把這些確定一下，看由哪些同學做哪一方面的報告。當然，我們要先了解一下佛教的根本立場是甚麼，最起碼要處理的問題是甚麼，這點先由我來負責。

廖冠威：老師我問一下，老師接下來是先講印度佛學還是中國佛學？

吳汝鈞：先講印度佛學，因為印度佛學發展比較早，中國佛學發展比較晚，不過不管是印度佛學也好，中國佛學也好，我們要探討這兩個區域佛教的內涵，都要先把握佛教的基本問題、基本概念和關連，這些我們都要先做好。同學在準備報告的時候，要花一點時間和功夫來看文件和材料，所以同學們來上課，不是什麼都不用準備就來上課，不是這樣子。

第一章　原始佛教

一、四聖諦

吳汝鈞：原始佛教的概念，我們都把釋迦牟尼（Śākyamuni）的思想，小乘思想放在原始佛教裡面，這是最根源最基本的一些佛教的教理跟實踐。通常我們對釋迦牟尼的思想，講三點，第一點是四聖諦——苦、集、滅、道，然後是三法印，再來是十二因緣。我們現在先處理這幾種基本的重要的教法，先講四聖諦——苦、集、滅、道。所謂四聖諦這個「諦」是真理的意思，四聖諦就是四方面神聖的真理，「諦」（satya）就是真理。四聖諦是對我們所居處的環境，我們的感受，通過四方面的面向，四方面的真理面向來了解，那就是苦、集、滅、道。「苦」是苦痛的苦，「集」是集合的集，「滅」是息滅的滅，「道」是道路或者方法。

廖冠威：老師，請問可以把它想成一種思想的進路嗎？老師剛講四個方面，是獨立的方面？

吳汝鈞：你的問題很好，如果是獨立的話就不能算是真理，真理只有一種，而且這一也不是數目的一，而是整一，以此整一來表現出來的真理。這種真理有四方面的面向，來實踐終極的真理。苦、集、滅、道就是整個過程所構成的，所整合起來的「諦」——真理，從這四個面向來了解來實踐，這是我們進入終極真理的途徑。接下來，我們以一個一個「諦」來解析苦、集、滅、道。

首先我們來了解「集」，集合的集。「集」就是集合或者是組合。我們還是要先把「苦」名相先解釋一下。這「苦」就是佛教認為世間一切事物，就是萬事萬物的那種狀態都是苦的。種種不同的因素集合起來，造成我們日常的那種苦痛的感覺、苦痛的現象。然後這個「集」就是集中在一起；在這個世間裡面，種種因素集合起來，結果就是苦，苦痛煩惱。進一步講的「苦」，就是我們在日常生活裡面那種感受就是苦，苦痛煩惱。苦之所以能夠形成，是通過「集」：種種因素集合在一起，這個苦的生命現象就出來了。

有人通常把「苦」跟罪、死來涵概整個生命歷程，這是一般人的講法。要進一步探討下去，就要比較一下，苦跟罪是並列的？還是有次序的？我們可以這樣看，苦比罪還要根本，就是說「罪」是出之於「苦」的，從「苦」開出來的，所以苦跟罪、死不是並排的，不是同一個層次的，而是有分別、有層次的。我們可以這麼說，罪是一種苦，基督教裡面就說原罪啊！罪就是犯罪、罪過，是一種苦，這點比較易了解。可是我們不能反過來說苦就是罪，不能說苦是罪裡面的一種情狀。罪是一種苦，但我們不能反過來說苦是罪。有些人生出來就是沒有手沒有腳，這就是苦啊！我們不能說這就是罪，因為這個人一生出來就沒有手或腳，這不是他的錯，身體殘缺不全，不能怪他，他也不希望這樣，這是天生的。所以，這表示苦和罪不是平排並列的，兩種情狀是有分別的，分別是，苦是最為基本的，罪只是苦裡面的某一部分。苦比罪更為基本，苦不能說是罪，人有罪或犯罪是說他在行為上做錯了，這點我們要思考一下。我們說苦比罪更為根本，罪可以說是一種苦，但是苦不能說是一種罪。身體上有殘缺是天生的，這種情況很無奈，比如兩隻手殘缺的人不能正常活動，不能正常工作，不能賺錢養活自己，更不能養活家人，這是很苦的，但不是罪，不是他犯罪。一個人拿刀子去脅迫一位婦女，要她把全部的錢拿出來給他，這就是罪啊。因為這種行為跟人的本性良知完全合不起來，所以就是罪。他本身知道這樣的行為是有罪的，還是這麼做，所以我們說他是犯罪。因此，罪是一種苦，但是苦不是一種罪。因為天生殘缺不全的人，這完全跟他本人的意願是不一樣的，他不需要為自己的殘缺的樣子負責。但是你拿刀去脅迫一個人，搶她全部的錢，這種行為就是有罪。所以苦跟罪不是並排在一起，而是苦比罪更為根本。苦和罪的關聯性大家要弄懂，一定要懂。

周博裕：苦跟罪來講，罪是西方人的說法，苦勝於罪，這我承認，但是以儒家來講，儒家有沒有苦？

吳汝鈞：現在不是專門談儒家的情況，我們是以一般人情況來講，一個人出生就沒了雙手，吃飯啊，洗澡啊，都要別人來幫忙，這是一種苦，不是罪。他生出來就是這個樣子，他沒有犯罪啊，所以苦不是罪，但罪是苦。你做錯了事是犯罪，犯罪要坐牢，坐牢是不是苦呢？當然是苦啊。所以苦和罪是兩個層次，苦比罪更為根本。我們所講的苦、集、滅、道，這種苦是一般人的，而且是整個現象世界裡面非常普遍的事情。

廖冠威：請問老師，像我們常人的苦，是涵概在八苦的範疇裡面嗎？

吳汝鈞：是啊！這也是一種苦啊，可我們不能反過來講苦是罪。

張子妍：老師我請問一下，剛剛因為老師提到原罪是苦，那是以外型是殘缺來講。如果說有些人天生是智障，他自己也不懂什麼叫做苦，這可以算是苦嗎？

吳汝鈞：他那種狀況我們就說是苦，因為他自己不能吃飯，不能自己洗澡，都要別人幫忙，這當然是很煩惱的事啊。

張子妍：可是這種苦是外人看來是苦，不是他本身覺得是苦。

吳汝鈞：對他本身來講是苦，怎麼不苦呢，做什麼事情都要別人幫忙，怎麼不是苦？洗澡啊，上廁所啊，如果都要靠別人來幫忙的話，這就是苦啊。我想，他自己也應該感到煩惱，什麼事情都要找別人幫忙，很苦啊！所以講到最後，罪是一種苦，原罪是一種苦，反過來講，苦不能說是罪，這一點一定要弄清楚，然後講苦、集、滅、道，才能夠理解。你們回去要好好想一下。基督教很強調原罪，人生出來就有這個罪啊，原罪（original sin）比其它的罪都更有根源性。

聶豪：老師，我有問題。

吳汝鈞：我看你的樣子就是有問題想問。

聶豪：我看過舟橋一哉在一些研究裡面提到，佛陀在對信眾說法的時候，有兩種不同的態度，一種是對在家眾居士說有輪迴，另外一種是對出家眾比丘說，佛陀不強調輪迴，這就牽涉到我們剛談到的問題。

吳汝鈞：這是比較細微的問題，我們是從最普遍的兩個方面來講，

「苦」和「罪」這兩種行為、活動，我們就說這苦和罪不是在同一個層次裡面提出，不是並排的，而是有一種層級的分別，苦比罪更為基本。我們能說罪是一種苦，可不能說苦是一種罪。

聶豪：那有必要追溯苦的源頭嗎？

吳汝鈞：沒辦法，一生出來就是這樣子，父母也不想生出殘疾的小孩啊！一個小孩五歲六歲的時候，還可以忍受這種情況，他不能洗澡你還可以幫他洗，但是當他三、四十歲或是四、五十歲時，情況便不一樣，就是你要陪伴他，他一生都要人陪伴他，可你是父親他是兒子，你的年紀比較大，兒子年紀比較輕，是不是啊！你是不是終生要陪伴他？你會先死掉，這個問題比較煩惱。我不知道你們的想法，但就我個人的經驗，我有一個朋友就生了一個有殘疾的小孩，所以他就不敢再生了，他是怕，怕生第二個跟第一個是一樣的。孩子生出來器官不完整，手腳不完整，什麼事都要其他人幫忙，就算是父母能幫忙，也不能一直幫忙，到最後，父親一定會比孩子先走，對不對？

周博裕：第二個孩子可能也沒事啊？

吳汝鈞：沒有，但他心裡面有一種恐懼啊！因為第一個孩子是這樣子，第二個可能也是這樣啊。

周博裕：可以科學檢定的。

吳汝鈞：如果父母有錢，可以請佣人來陪伴他。

周博裕：不是，我不是說佣人，可以找醫院做科學檢定。

吳汝鈞：那是治療的問題。

周博裕：不是，就是說第二個孩子可能用檢定的方式，但是這是個人的問題。

吳汝鈞：所以，人總是有一種恐懼啊，因為第一個孩子是這樣，第二個也可能這樣。

張子翎：老師請問一下，像身、口、意的罪行，比如貪、嗔、痴，這算是罪嗎？

吳汝鈞：這也不能算是罪，貪、嗔、痴是三種最根本的煩惱。

張子翎：在佛家來講，不定義為罪，是這樣嗎？那說因為貪嘛，貪污被判刑，那算罪嗎？

吳汝鈞：一個生命生出來，就是貪、嗔、痴，這是可能的。

張子翎：貪、嗔、痴衍生為罪。

吳汝鈞：貪、嗔、痴不是只限於某人啊，這是全部的人，全部的眾生都有這個貪、嗔、痴。你的問題是想問貪、嗔、痴算不算有罪？

周博裕：算不算苦？

張子翎：我是問是不是罪？

吳汝鈞：應該是苦，貪、嗔、痴怎麼不苦呢，那麼大的煩惱。

張子翎：貪、嗔、痴算苦，但是算罪嗎？

吳汝鈞：貪、嗔、痴是苦，但你也不能說他有罪。根據佛家的講法，一切眾生都有無明，無明最嚴重的就是貪、嗔、痴，這幾種無明是最根本的煩惱。

張子翽：所以是苦，不能算是罪。

吳汝鈞：是苦啊，但算不算罪？我覺得不能說是罪，所有眾生生出來都有貪、嗔、痴這幾種大煩惱。這種情況是他不能控制的，父母本人可能也是有貪、嗔、痴，一定有啦，生出來的小孩也會有貪、嗔、痴，根據佛教的講法：所有眾生、有情生出來都有這三大煩惱。

張子翽：所以是苦，不一定是罪，那也有可能是罪。

吳汝鈞：它是一種苦，可是我們不能說它是有罪，因為當我們說某一個人有罪，是說他所做的事情是違法的，違反我們一般人的思考。你做了一些損人利己的事，當然是不好，一般人都知道這是不好，那你還去做，就會違背你的良心，就是在財富方面把它佔為己有，就是貪。貪、嗔、痴不算是罪，而是苦。

張子翽：貪、嗔、痴是苦。

吳汝鈞：當然是苦，這是佛教的觀點，這個問題很重要，通常的人不會注意。

周博裕：其實在佛教來講，貪、嗔、痴是三毒，毒藥的毒。

吳汝鈞：人一生出來就有貪、嗔、痴，基督教也有說，人一生出來就有罪，original sin 原罪，你把這兩種說法對比起來，會感到宗教跟宗教之間，基本的講法和想法，都有一種相類似的情況。

周博裕：所以執著也是貪？

吳汝鈞：是啊，所以你要悟，覺悟的悟。

張子翎：執著也算是貪，是苦。

廖冠威：老師，佛家有談罪嗎？還是罪是種種因緣裡面的一種？

吳汝鈞：佛家講苦。苦、集、滅、道，苦是對人生的第一種印象。佛教繼續探究，苦是從哪方面來呢？那就是「集」，種種因素集合在一起，就形成了苦。苦、集之後，你要從苦逃離出來，不再有原來貪、嗔、痴的苦，再做到滅、道。道就是道路，一種方法，滅就是那種超脫的境界，從一切皆苦的情況超越出來，突破出來，那就是覺悟，沒有苦。所以「滅」就是達到滅除種種煩惱的狀況。苦、集、滅、道不是說有四種真理，四聖諦，不是有四種相互並排、相互獨立的真理，而是說要從整個面向來看。人能不能從這苦脫離出來，超越上來，就要有一定的方法；沒有方法，目的是無法達到的。所以佛教就說「八正道」。苦、集、滅、道是指人如何從煩惱、無明，跳脫出來，超越上來，達到另外一種境界，就是涅槃（nirvāṇa）。所謂涅槃就是滅掉一切煩惱，達到覺悟的境界，脫離生死煩惱。這跟中國佛教不一樣，中國佛家講「煩惱即菩提，生死即涅槃」。煩惱怎能夠是菩提呢？煩惱的解除，超越了煩惱，逃脫了煩惱，才能展現菩提的智慧，這是印度方面的講法。中國佛學的講法，尤其是天台宗的講法，並不一樣。我們在這點上要有分別：印度佛教有一種講法，中國佛教有另外一種講法，形態不一樣。但是大家的目的是一樣，就是達致終極真理，而得解脫。印度佛教是說，你要從煩惱解放出來，超越出來，才能達到空的覺悟，明瞭一切現象都是空的。中國佛教就不只是這麼講，他有進一步的發揮，即是，覺悟、解脫正呈現在生死煩惱中。我們對於煩惱，不一定要滅除它，煩惱也可以變成我們求道的一種因素啊。

廖冠威：是體法空的意思？

吳汝鈞：對啊！就是中觀學通教的講法。

周博裕：就是說，做到苦、集、滅、道，就是四聖諦。

吳汝鈞：所謂四聖諦就是有四個面向，我們要了解，要實現，才能達致覺悟，證成終極真理。不是說有四條真理，一般人一看四聖諦以為聖諦有四條，這樣講是不對的，有誤解的。四聖諦就是說，有四個方面我們要考量要實現，最後才能從苦痛煩惱裡面超脫出來，應該是這個意思。我們講聖諦時候，這個諦是獨一無二的。基督教講上帝，上帝是獨一無二的，沒有別的上帝了，只有耶和華是上帝。你只能相信祂，不能相信其它神明，即使是自己的祖先。在基督教裡是不能拜祖先的，他們認為這是一種違反獨尊無二的對上帝的信仰。對中國人來說，祖先對我們來講是很重要的，我們要慎終追遠，拜祖先有什麼不對，這是一種道德的行為啊。可是基督教是不允許的，所以基督教在中國沒辦法融入整個中國文化裡面。佛教就不一樣，佛教要你拜佛，你也可以拜祖先和拜神。神在佛教裡面不是像基督教所講的獨尊無二那個真神，佛教所講的神是比較高於人的那種眾生，神是天，天是比人高一等的眾生。佛教裡面就有十界的講法，佛、菩薩、緣覺、聲聞、天、人、阿修羅、畜生、餓鬼、地獄等，十界裡面上帝只是擺在佛、菩薩、緣覺、聲聞這幾種後面，就是第五個階段，比我們人高一等而已，祂也一樣有輪迴的。

吳汝鈞：今天講三法印。四聖諦、三法印、十二因緣這幾項可以說是釋迦牟尼最基本的義理，在日本和歐美佛教研究中稱為原始佛教（primitive Buddhism）。我們上次講四聖諦，就是苦、集、滅、道，這苦集滅道四聖諦不是表示有四種真理，真理只能是唯一的真理。它是四方面的真理，表示我們體證真理的歷程有四項，不是有四種真理，如果你說它是四種真理，那真理就不能成為終極真理。我們先弄懂這點。四聖諦的脈絡的成立，在因果的觀念，有因便有果、有果必有因，就是因果的關係。這種關係在佛教來講，不管你講哪方面的真理，都離不開因果關係。關於這苦、集、滅、道四聖諦，我們把它分開，就是苦、集是一邊，滅、道是另外一邊。這苦集指我們生命裡面種種的苦，都是由不同的因素集合起來而成，以集為因，以苦為果。有種種多元不同的因素為因，聚合一起為集，然後便苦，這是生命的一種現象。再從滅、道來講，一樣啊，都是基本的因果關係。以這道做為方法，正確的方法，以這方法為因，就能夠達致滅的境界。這滅即是寂靜、涅槃，不是什麼都消失的意思。眾生透過艱苦的修行便能達致涅槃那種境界，所以這個滅不是我們了解的那種消滅，而是表示種種苦、種種煩惱，都超越了，到了最後那安穩、平和的滅就出來了，就達到涅槃的境界。涅槃就是 nirvāṇa，由兩部分組成：nir 和 vāṇa。vāṇa 表示三毒之火，是負面的東西，表示種種因素集合起來，成為輪迴的狀況：因果輪迴。

nirvāṇa，nir 表示否定，vāṇa 表示三毒之火，所以這兩部分合起來，就是 nirvāṇa，就是把三毒之火克服了，把它取消了，就可以到達那個沒有生死，沒有煩惱的境界。從煩惱、生死超越出來，就是 nirvāṇa。nirvāṇa 的拆分，涉及梵文文法的連聲的問題，我們這裡不能細論。

現在我們已經了解滅、道這方面的意涵，也可以從因果這點做一種總持的了解：道就是道路、方法，滅就是寂靜、涅槃。從因果這方面來了解，就是以道為因，以滅為果，以種種途徑方法做為原因，最後能夠達到滅，從一切苦痛煩惱超越出來，克服一切苦痛煩惱，最後就能夠達到滅的境界。滅有特殊的名字，就是「涅槃」，涅槃就是我剛才所講的那種寂滅的境界。這是原始佛教最初的講法。到了大乘佛教，對這個涅槃的觀點有進一步的發展，也就是到了中國佛學才有。印度佛學在這方面是有提及，但不夠具體，講得比較抽象。苦、集、滅、道這所謂聖諦的意味，我們剛才說苦、集，可以說是以集為因，以苦為果，到了滅、道，也是一樣，以道為因，以滅為果。所以，基本上這四聖諦講的道理就是因果的道理，有什麼因，就會有什麼果。有果出現，則必會有其因。

宋松山：老師，小乘佛教智慧比較淺薄，沒有說世間即是涅槃，這世間即是涅槃是大乘佛教講的？

吳汝鈞：天台宗發展到智顗大師的著作《法華玄義》裡面有提到，生死煩惱不需要消滅，我們可以生死煩惱為契機，來完成理想：煩惱即菩提，生死即涅槃，這是中國佛教裡面特別重視的觀點。這在原始佛教或小乘佛教沒有講的那麼清楚。我們通常看一些佛學的書，就有提到煩惱即菩提，生死即涅槃，煩惱和生死是不好的，可是我們也不用把它滅掉，我們那種理想就是建立在透過對煩惱生死來體證，體證菩提涅槃。菩提是一種智慧，讓你了解到世間萬物沒有自性，不是恆常不變的。我們以一般的看法來了解，世間上有很多負面的東西，我們通常處理的方法就是把這些負面的東西消滅掉。這也可以說是原始佛教的想法，可是佛教的發展，在印度在中國在日本在西藏，都有佛教不同的宗派，這些後來發展出來的不同宗教，跟原始佛教不一樣，他們也不是反對，而是順著原始佛教的想法繼續往前開拓，就是說我們對煩惱生死不用消滅它，我們可以以煩惱生死做為一種踏腳石，一種具體的機緣。所以，不要說原始佛教的學理發展是完成，它沒有完成啊，應該說它是開端。

我們也可以把苦、集、滅、道分開來講，苦、集是一面，滅、道是另一面。用因果的觀點來看，可說苦、集是因，滅、道是果。這種苦、集是因，滅、道是果，也可以展示因果關聯，這樣就可以看到佛教最基本的關聯，出發點就是因果的聯繫。

上次我們談到苦和罪的分別，就是苦比罪更為根本。罪是一種苦，可我們不可說苦是一種罪，因為罪是違反人性。我們可以說罪是一種苦，因為罪是違背了最原初的道德原則，以後天的利己行為構成了罪。更進一步來說，這罪和苦之間，在外延（extension）方面都有包含的意味。苦和罪在外延上哪一個比較根本？我們說罪的外延比苦的外延窄，比如說，一個句子都有主詞和謂詞，主詞是擺在前面，謂詞（predicate）是擺在後面，我們說「孔夫子是人」，從外延來講，孔夫子的外延比人的外延為窄，孔夫子是主詞，人是謂詞，我們可以把外延比較窄的，用外延比較大的來涵蓋。反過來，我們可以說人是孔夫子嗎？那不行，因為孔夫子是人，但不能說人是孔夫子，因為人有很多，孔夫子只是其中的一個，這不難了解。我們也可以說文天祥是忠誠愛國的人，但不能反過來說忠誠愛國的人就是文天祥，因為忠誠愛國的人不是只有文天祥，忠誠愛國的人的外延比文天祥大。拿苦和罪的關係來看，罪是一種苦，但不是苦的全部，你不能說苦是罪，因為罪的構成是個人的私欲私念的膨脹而做出損人利己的行為，這是不恰當的，有罪的。所以，苦跟罪的關係，可以說罪是一種苦，比如你殺人放火，然後被判刑坐牢，那就是苦啊，你犯罪就要承擔那種苦。可是苦不是罪啊，很多人一生出來就殘缺，這很苦啊，但不是罪。生他出來的父母也不能說他們有罪，因為這是無法控制的。

二、三法印

吳汝鈞：接下來，我們來講三法印——「諸行無常、諸法無我、涅槃寂靜」。有人把「有漏皆苦」也放進來，就變成四法印了。所謂法印（dharma-uddāna），就是真理的印證，讓你體證真理的印，這印有三方面，就是「諸行無常、諸法無我、涅槃寂靜」。這種說法跟四聖諦有很多地方是相像的、重複的。我們也可以說三法印就是印證真理的三種途徑，合起來才圓滿。只是講一個法印還不夠，所以有人又把「有漏皆苦」加上去，可能就是要回應四聖諦的苦、集、滅、道。這「有漏皆苦」也不難了解，漏是染污、虛妄，都是苦痛煩惱。

「諸行無常」指我們種種雜念沒有一種常數，此起彼落，沒有止盡。首先我們要了解「行」（saṃskāra）。這行不是行動的行，不是指用腿來走路，而是指做事情，用想法去做，用意念去做，也可以說用心思去做，就是心之行。有體之行，就是用身體去做事，而心之行，主要是以意念、心思為主。所謂「諸行無常」，是人的心念，沒有滿足的，比如說人的心裡面有貪念，想要賺很多錢，想要得到很多東西，富貴、權力、名譽、地位，這些都是人想要得到的，這是心之行，心之行是無常的。比如，人要當百萬富翁，他就要努力去賺錢，可是當他得到一百萬後，他就會滿足嗎？不會滿足的。他得到一百萬以後又想要一千萬，這是很現實的問題，因為人的欲念是無常的，沒有一個止點，常就是止點。到了止點就會停下來嗎？無常不是這樣，念想不斷從心中發出來，當你完成某一個目標，就會發出另一個目標，人的心念很難控制。人一生出來是不是就有貪念呢？人要富貴、權力、名譽、地位，在這四方面得到滿足之後，還是不會停下來，他們還要得人心得天下，得了天下之後還要長生不死，這是人不能滿足的事例，就是「諸行無常」。這在佛學來講是非常重要的觀念。從另一面來講，一個人要發財要有一百萬，等有了一百萬後，又想要有一千萬，這是往上的，一直延伸上去。但如果往下延伸，當你有一百萬，你會害怕被騙走，現在詐騙集團很多，常詐騙人的錢財，你會怕這一百萬被騙走，這是另一種異向的心念。所以，人的心念是，當你得到東西時，你想要得到更多的東西，另外還有一種心念，當你得到一百萬，你會想如何保留這一百萬，你還要擔心怕被人詐騙，這是「諸行無常」。往上往下推，心念都是無常。

接下來是「諸法無我」，這比較容易了解。諸法就是種種的存在，法就是存在。這「法」的名相，在佛教裡面有很多不同的意思，它有種種不同事物的意味，種種事物都沒有它常住不變的自性，這點跟「諸行無常」也有關係。法的另外的意思是真理（Dharma），還有另外一些意思。這裡所說的「諸法無我」是指我們常碰到的東西，如花草樹木山河大地，諸法無我表示沒有常住不變的性格，它會消滅，會被另外的東西取代，「諸法無我」指種種事物沒恆常不變的自體，自己可以決定自己的性格。

往下看「涅槃寂靜」。我們不斷在講，要達到無苦無樂、無此無彼、萬法自然，沒有煩惱，沒有苦痛，能克服一切苦痛、煩惱，達致那種境界，就是「涅槃寂靜」。涅槃（nirvāṇa）是一種心靈境界，最完美的境界。一切生死煩惱都超越了，達到無生死無煩惱的境界，就是涅槃。這是原始佛教所講的真理的呈現，但是大乘佛教就不只是這樣說，天台宗便提出另一個講法：「煩惱即菩提、生死即涅槃」。要進一步在思想上開拓，要在煩惱裡面見菩提，生死裡面證涅槃。「涅槃寂靜」可以說是一種美學的境界，屬於靜態的，沒有動感的真理的境界。天台宗的智者大師便在其《法華玄義》中提出「煩惱即菩提、生死即涅槃」的講法，要即在煩惱之中，證成菩提智慧，在生死之中證成涅槃。這則是有動感的，而且動感相當強。我們可以保有煩惱生死這些負面的東西，不必消滅它們，而得到覺悟。這樣，一切負面的東西可以作為契機、跳板，以成就正覺，達致涅槃。

如上面所說，三法印之外，可加上一個法印，就是「有漏皆苦」。有漏這個漏，是虛妄不正確的東西，我們也可以視之為漏洞，比如我這瓶水，有漏洞水就會流掉。凡是有漏的那種情況，都會讓你進入苦的狀況，有漏皆苦，四聖諦裡面也提出苦、集、滅、道，有提出這個苦。我們通常都是把苦和樂做一個對比，苦跟樂的關係是怎樣呢？苦的生活狀況跟樂的生活的狀態，這兩種關係我們要怎樣去了解呢？我們也可提出：苦和樂在心裡的狀態下，它們的關係是怎樣呢？苦和樂到底哪一邊較為基礎呢？我來問一下同學，劉珏伶，妳覺得苦跟樂的關係是怎樣呢？

劉珏伶：我覺得一般當我們遇到事情的時候，會有些苦和樂。苦和樂主要還是在自己心裡的一些變化，它是相對而來的，就是如果你今天發生了一件事情，如果是出乎意料的話，就會產生苦的情緒，但是它的結果可能又會產生另外不同的樂的情緒。

吳汝鈞：妳是說這個苦，在另外的一種情況下又變成一種樂？這怎麼可能呢？

劉珏伶：我覺得苦跟樂主要是自己的一種感覺。

吳汝鈞：苦跟樂，我們也說過這是心裡的感覺狀況。

張子妍：老師，對這個苦跟樂我可以提出自己的看法嗎？

吳汝鈞：好，妳說。

張子妍：一般我們人會覺得很苦，應該是欲望，我們欲望達不到了，我們就會覺得好苦喔。比如說我們想要錢，想要美食，想要擁有某種東西，這個欲望滿足不了，就是一種苦；那樂呢？就是在平常生活裡，得到我們想要的，我們能夠達到欲望的滿足，就會很快樂。我是以欲望來定義苦跟樂。

吳汝鈞：妳是以對比的觀點來講苦和樂，所謂樂就是能夠得到心裡面想要的，妳心裡面所需要的得到實現是樂，如果得不到就是苦。這也不錯，我想妳這種講法，就是通過妳內心的感覺，如果得到妳想要的東西就是樂，如果得不到妳要的東西就是苦。

廖冠威：我覺得樂應該算是苦，因為樂是幾個因緣和合產生的快樂。但是這只是一時的，因為這是目前因緣和合的結果，所以你會感到快樂；可是這個樂終究會滅散，所以會有愛別離的苦。因為你愛它，可是它遲早會散滅，所以這還是屬於一種苦，因為它終究還是會散的，所以可以說這個階段性的樂終究會滅散，所以這算是一種苦。

吳汝鈞：你這個講法，苦和樂的關係，是不能永遠集結，不能牽連起來。我們換一個角度來看，比如，人每天都有很多不同的活動，這些活動在你的感受，常常是環繞在苦和樂的感受裡面。那我們就可以提出一個問題，人在同一個活動裡面，是不是有苦和樂不同的感覺？我想這樣問的話會比較直接。比如你去打球，不能一天到晚都在打球啊，打到某個階段就要停下來休息啊。一個人對打球很有興趣，但是在這個打球運動裡面，是不是也可以講苦跟樂的感覺，這比較容易思考。我是這樣想，一個人打籃球，但是打籃球是有個時段的，什麼時候結束呢，這個運動打一個鐘頭，二個鐘頭，三個鐘頭，我們就從這點來看問題。

廖冠威：樂是短暫的，但苦是常態。

吳汝鈞：這是有關鍵性的答案啊，你繼續講。

廖冠威：就是樂是階段性，一個短暫的，可是苦是人生的一個總的計量。應該說苦是人生的必然，因為十二因緣不斷輪迴，如果沒有達到寂靜寂滅的話，你永遠都會陷在苦裡面。但是樂是你人生裡面某一小段時間，它跟苦有無限外延性是不能相比的。

吳汝鈞：這不錯，但是你的講法會不會比較複雜了一點呢？你的大方向是不錯，不過，你講得比較複雜一點，不容易了解。

廖冠威：我覺得主要的關鍵還是在時間的維度的差別，樂的本質是空，樂只是你當下一個因緣隨機的感受，但苦是存在的本質。

吳汝鈞：我問你一個有關這方面的問題，你喜歡哪種運動？

廖冠威：羽毛球。

吳汝鈞：你通常打球打多久呢？

廖冠威：大概半個小時。

吳汝鈞：你打羽毛球打半小時之後，你感覺怎樣？

廖冠威：是不錯。

吳汝鈞：那繼續打下去呢？

廖冠威：會感到負荷不了。

吳汝鈞：問題就是在這裡啊。因為打羽毛球如果只打十分鐘，會不過癮，不滿足，這也說是你在裡面沒有體會那種快樂，因為只能讓你打十分鐘，你會覺得不夠，如果讓你打半個鐘頭，你會覺得不錯，很快樂，但是如果讓你打兩個鐘頭，你就會感到不快樂，有負擔。我再這樣說好了，我們在進行某種活動，在我們的心裡面，有一種恆常跟短暫的感覺，所謂恆常就是說，讓你進行活動，一直進行下去，那你就會受不了，也就是你個人沒有條件繼續做下去，做不來，如果只給你打十分鐘，你會覺得不過癮，不滿足，不快樂，所以苦和樂的分別就出來了。就是你在進行某種運動，會跟你的身體的樣態有關係，身體比較強的人可以運動比較久，如果只進行比較短的時間，就會感到不滿意，不快樂。但是，繼續讓你進行運動，你就會感覺滿足，這就是樂啊。接著，再讓你繼續運動，你的身體開始負荷不了，你就會感到有壓力，然後不快樂，這就是苦。

廖冠威：老師，我覺得人的心態應該要把它調整自己滿足的狀態，因為不管是超過還是不足，都是苦的；只有你滿足了，恰到好處的時候才會快樂。比如說當你想要賺很多錢時，如果賺得不夠，你就會不舒服。所以，恰到好處才是快樂的。

吳汝鈞：講得很好，你是今天才知道的嗎？

廖冠威：是剛剛老師一講，我突然開竅想到這個道理。

吳汝鈞：很好，我這裡就是說苦跟樂不是平等的，不是一般人所說的那種。苦跟樂是在你心裡面的感受，就是你那種苦跟樂的感覺，有一個界限，一個段落。就是說，以打球為例，剛開始打十分鐘，你覺得不過癮，再打半個鐘頭，你會感到很快樂，很滿足，這就是樂，接下來，再讓你打二個鐘頭三個鐘頭後，你會受不了，你就會覺得苦。這裡面就掀起一個問題：就是所謂苦和樂的分界線，我們把苦和樂做一個本質的看法，就是說內心的感受。進行某一種活動，滿足了就會快樂，超出你的能力範圍，你就會感到苦。「苦是常數，樂是變數」。就是說，本來那種情況就是苦，可是在這個苦中間你能找到一個縫隙，這個縫隙讓你感到滿足快樂。從剛才的例子來看，就是沒到半個鐘你覺得不夠，超過一個鐘你又覺得太累啊。所以這裡面，從半個鐘到一個鐘之間，你感到滿足。所以，我們說苦和樂不是一種均衡的對比，而是不管你是進行怎樣的運動，基本上都是苦，可是你也不是永遠都是這樣，這裡我給你一個縫隙，從半個鐘頭到一個鐘頭，這裡面你就會覺得樂，那半個鐘頭不夠，超過一個鐘頭又太長了，你會覺得苦。所以苦跟樂的關係不是平衡的，苦始終是一樣的，樂只是在苦裡面，在這個縫隙裡面得到樂。所以苦和樂不是對等的，在這裡我們對於苦和樂的關係，可以得到一個了解：苦是常數，樂是變數。常數跟變數不是相對等的關係，而是一種基本的（fundamental），跟誘導、引申出來的（derivative）關係，苦是基本的（fundamental），樂是誘導出來的。在空隙裡面活動就會感到快樂，可是在空隙以外活動，就是苦。這個問題我想了很久很辛苦才想出來。所以一般人把苦和樂做一種對等的安排是不對的，那個恰當的安排就是我剛才講過，能在那個縫隙裡面活動，你就覺得快樂滿足，不夠和太過都不行，過猶不及都是苦，是不是呢？

張子妍：所以苦和樂也可以算是一體嗎？然後苦跟樂是由自己主體來感受。

吳汝鈞：應該不能說是一體，因為如果說是一體就會有對等的樣子。應該說樂只在苦的縫隙裡，在這個縫隙內你就會感到樂，在縫隙以外，不夠和太過就會過猶不及，太過和不及都是苦。所以我們用常數和變數來講，就是「苦是常數，樂是變數」。

三、十二因緣

吳汝鈞：十二因緣指十二個因果關係的環節：無明、行、識、名色、六入、觸、受、愛、取、有、生、老死。十二因緣裡面最重要的是「有」（bhava），指生命存在，指自我（靈魂）。依佛教，一切苦痛煩惱都是由「執著」而來，都是由執著的我，執取虛妄的東西，視之為有自性，有恆久的存在性，因而產生種種顛倒的認知和行為。這關連到十二因緣的說法，特別是其中的「有」。我們要把十二因緣所形成的我克服，超越，回歸到終極的真理。就是從一個經驗軀體的自我，從種種的困擾中突破出來，回歸到佛教所講的終極真理，就是空（śūnyatā），沒有自性。

廖冠威：老師剛剛說那十二因緣的受是阿賴耶識？

吳汝鈞：沒有，這沒到阿賴耶識的階段。

廖冠威：可是對一切外界所產生的我執是末那識？

吳汝鈞：那是接下來唯識學所發展的一套理論，在釋迦牟尼那個階段，四聖諦、三法印、十二因緣裡面，沒有仔細地多方面地講這種自我，它怎麼樣去執著種種的事物，以為它們都有恆常自體，不會敗滅。有這種執著，我們生命裡面才有種種苦痛煩惱。把這些苦痛煩惱克服，執著的虛妄活動就不會出現，心裡的、形軀的自我，就不會以靈魂繼續活動下去，便能跟永恒的超越的空的真理瞑合。到了這個階段，個體性的自我，或者是心理性的自我就沒有了，因為它已經跟終極真理連成一體了。空的證得就臻於涅槃之境。涅槃就是從生死煩惱的解放而得成立的。原始佛教的四聖諦、三法印、十二因緣只講到這裡。在這種情況下，沒有種種執著，也沒有苦痛煩惱。你的智慧已經達到了終極真理的層次，自我和自我意識就解構了，這就是覺悟。

我們講事物的本性，沒有常住不變的自體，這個我們說為空的真理。我們要求覺悟、解脫，就是要從種種執著、種種苦痛煩惱突破出來，沒有虛妄，你的所有的認知，都是在空的這種終極真理而發出來。如果你能體證到這種空的話，你就不會有執著。通常我們所說的執著就是對世間種種事物，花草樹木、山河大地，在沒有覺悟之前，會把它看成是有自體。如果我們從這點來看，在你的生活裡面就會產生虛妄的構想；如果你能夠突破這執著，便了解到一切事物，包括形軀的我、心理的我，不存在了，達到空的境界了，在這種情況下，你覺悟了，見證到終極的真理了，得到解脫了，這樣就很好。在佛教來講，這是人生的目標。

廖冠威：老師，那空的性格是常住的嗎？

吳汝鈞：空沒有常住不變的自性。

廖冠威：我是說空本身，因為空是指所有一切外境、一切法都沒有自性，也沒有常住性，那空的真理是常住的嗎？

吳汝鈞：我所說的一切東西，都有這種不能夠常住的性格。在佛教來講，我們在現實的生活中，遠離了空的這種真理的狀態，產生佔有種種事物的心理，要追逐它，把它拿在自己的手上，才會放開。不過，如上面所說，你得到了它，一方面又希望得到另外其他的東西，比你得到的更基本的，更具有本質意義的東西。另外，你整天都在恐懼：得到的東西會被別人拿走。這兩種心態會讓你的內心得不到安寧。這就是諸行無常。行是心之行，心的念想。佛教就是讓你了解到整個宇宙的真相是什麼：空。宇宙上的一切事物都是空的，空就是無自性。空就指這種狀態，我們通常不說它是不是常住的。

周博裕：老師，我提一個問題：有人對不起你，你沒感覺，不去執著，這樣的性格是不是逃避？

吳汝鈞：有人會提這個問題，一切皆空，就應該了解一切沒有自性，既然沒有自性，就不會有執著，沒有執著，就不會產生種種的構想要得種種東西。另一方面，當你擁有某種東西，又擔心被別人搶走。宇宙萬物是無窮無盡，這些都是經驗的性格，不是超越的性格，是我們在生活當中所碰到的經驗事物，這些經驗世界的東西，在佛教看來，都沒有常住不變的自性，如果你通了空的終極真理，就不會對它有執著的心，既然是沒有實體，沒有常住性，變來變去，你的心，便不會有要取得它、擁有它的念頭，不會有顛倒想，無牽無掛，這便是明瞭空這種真理的殊勝結果。這便是覺悟、解脫。再有就是，人執著事物，便會先起分別的想法，內心斤斤計較，如我的這瓶果汁是 40 元，這本書是 55 元。其實這兩者都無自性，都是空；人會取書而捨果汁，而墜入價值或利害的羅網中，把心分裂開來了。

宋松山：老師，有一個概念請老師闡明一下：就是這瓶果汁我們應該說是價格而不是價值。

吳汝鈞：價格是指它的價值有多少，在市場上把它定為多少錢，就是價格，價值在先，價格在後。

吳汝鈞：回返到十二因緣的問題。我們先說，諸法都是由因緣聚合而生成，沒有常住的自性，因而是空。這是緣起性空，是佛教最基本的教說。在這個十二因緣裡面，最重要的是「有」，這有相當我們講的生命存在，是個別的自我、個別的靈魂。在這十二因緣裡面，主要提到一種輪迴的觀點，生死對它來講是不重要了。因為它可以再受胎而生，那個靈魂不會消失。每個人做為現象意義的主體，是以靈魂或自我來說。我們的身體是物理的、生理的，會變化，會壞掉，最後消失，可是這靈魂會繼續存在，不會死，不會消失，會投胎到另一個生命軀體，受胎而生，然後再展開生老病死的幾個階段。要有這個「有」，才能講「生」，沒有這個「有」就不能講「生」。這個「生」就是你的「有」。我們的軀體會壞掉，會消滅，但是靈魂不會消失，它會跑到其它的生命軀體受胎而生，然後有「生」，有「老」，「老」就有「病」，有「病」就有「死」。

佛教裡面有講及釋迦牟尼的事情。他生長在貴族的家庭，個人的生活非常完美，有妻子、孩子，他的父親是王，在物質的生活有他的依靠。他不知道外面的世界是什麼樣子。有一天，他要出門，「四門出遊」，東南西北四個方向，四面都去看看。他看到有生老病死這些現象，覺得人生不長久，有生就有死。但是，是什麼東西在生，在老，在病，在死呢？他理解到人的心理的自我或靈魂在生老病死。經過「四門出遊」，他了解到人是有生老病死的必然途程，人生和這個世界是不值得留戀的。經過「四門出遊」後，釋迦牟尼最後走上出家苦行的道路。有些人認為苦行的方式可以抵消累世的惡業，通過生活方式，讓人生的境界慢慢提升起來，這是婆羅門教很強調的苦行的方式。可是釋迦牟尼出家以後，跟過一些婆羅門教的人一起過苦行的生活。生活了六年，他覺得一點好處都沒有，搞得身體又病又瘦，整天都沒有精神。這種苦行對他要提升生命存在的境界一點幫助也沒有。所以就離開婆羅門的信眾，走另外的道路，尋求覺悟與解脫。十二因緣裡有十二個因果的環結，前一環節是因，後一環節是果。其中最核心的環節就是「有」，這個「有」是經驗的自我，是一切執著的源頭，由此生起生老病死等苦痛煩惱。人的目的，是克服、超越這「有」，把經驗的自我、意識解構，而成就超越的自我、主體性，便得覺悟、解脫。有人可能會提出，為什麼把十二因緣裡的「有」，看成靈魂、經驗的自我呢？我們可以拿原始佛教的經典《阿含經》來做參考便知道了。

張子妍：老師，那個「阿」是哪個阿，是阿彌陀佛的阿嗎？

吳汝鈞：是啊，有《長阿含經》、《中阿含經》、《雜阿含經》、《增一阿含經》四部。《阿含經》（Āgama）基本是講釋迦牟尼出家，得到覺悟、解脫之後提出的種種的思想，這是我們常常聽到的《阿含經》。在這裡面它就提到「有」這個觀點，說一個人向著解脫的道路修行，到了某一階段就能克服生命裡面種種的苦痛煩惱，能夠體證到一切事物都沒有自性的那種空的狀況，「不受後有」。就是說你的生命境界能夠從十二因緣的種種環節解放開來，到了最後就能達到覺悟的、解脫的境界。「不受後有」的「有」就是十二因緣裡面的「有」，倘若你能夠達到這解脫的境界，就覺悟了，「有」解構了，不會有這個「有」的存在的形式，也就是能夠從這個「有」的靈魂、自我、意識，在心理上把這種執著的主體性破掉，往後便不再局限於作為靈魂，卻是與空的真理融合為一。

總的來說，十二因緣是在講生命的輪迴，從無明到生老病死一直下去，死了以後，那個「有」還在啊。死是我們身體的死，靈魂還存在，它離開原來的身體，趨往另一身體，在其中受胎而生，又生老病死一直發展下去，無窮無盡不斷的輪迴。依佛教一般說法，自我或靈魂離開死掉的身體，便以中陰身或中有的狀態存在，在七天至四十九天之內便能找到新的生命軀體，受胎而生。

第二章　中觀學

廖冠威：我這個報告是藉《中論》（*Mūlamadhyamaka-kārikā*）第十八章的〈觀法品〉前四頌來講龍樹（Nāgārjuna）的無我思想，因為這是他少數提到他所謂諸法實相的勝義之處，也是一種對於阿毗達磨（Abhidharma）說一切有部（Sarvāsti-vāda）對有我思想的反動，他對區別哲學的實在論進行反省，找到一個比較恰當對說無我的方式。其它問題則由吳老師來講。

吳汝鈞：這無我，這麼一種觀念，你要先看一下，這個觀念到底在佛教裡面，特別是在釋迦牟尼這個原始佛教的年代，他們有沒有這方面的講法，如果有，你就可以繼續講下去，那我們先前幾堂講的四聖諦、三法印、十二因緣，特別是三法印，就有諸法無我一項，你所談的「無我」是不是跟「諸法無我」的「無我」直接關聯的呢？

廖冠威：對。龍樹曾經受過婆羅門教的影響，也受過小乘阿毗達磨的影響，他也有受到般若學的影響，包括神祕主義的空的冥想實踐跟對於語言的不信任。由於語言有它的限制性，也因為語言是一種假有，也是空的，所以它不能代表超越的真實。在龍樹談他的無我思想時，我們可以看到他用了遮詮的方式和辯證的方式來接近真理。他不會使用一個正命題來論證他的思想，而是使用遮詮或辯證的方式把他要談的真義顯現出來，從這點我們見到龍樹被般若學影響——對於語言不信任。如果用一種相對性的語言來表現，你沒有辦法表示絕對性的真理，反而會讓這真理的絕對性格受到限制，失去原本的意義。我們也可以看出他從這樣一個角度去理解的時候，會超越原始佛教跟般若學在論述空或無我思想方面，有一種開創性，有他獨特的邏輯跟哲學觀。在〈觀法品〉四頌中，我們也可以觀察到他對語言的獨特說法。日本學者梶山雄一也有相似的看法。

一、無我與無我智

吳汝鈞：在這裡我先把〈觀法品〉中第一頌的梵文原頌和鳩摩羅什（Kumārajīva）的漢譯列出來：

> ātmā skandhā yadi bhavedudayavyayabhāgbhavet,
> skandhebhyo 'nyo yadi bhavedbhavedaskandhalakṣaṇaḥ.
> 若我是五陰，我即為生滅；若我異五陰，則非五陰相。

龍樹在這裡運用了兩難的方式來進行討論。他指出，若我與五陰相同，則會有困難；若我與五陰不同，亦會出現困難。他的意思是，若人以為有一個常住的自我，則說我與五陰是同或是異都會有困難。但這是以自性的立場來說的。以自性的立場說同一，就是完全地相同，沒有任何分別；以自性立場說別異，就是完全地不同，無任何相同的地方。因為自性的特性是整一，不可分割的。龍樹的思考方法是以自性來說自我，會導致自我和五陰不能是同一，也不能是分別。要建立自我和五陰之間的有同有異關係，則要遮詮自我有自性的設定，而顯示自我與五陰的同異關係，因而引出緣起無自性的義理。

吳汝鈞：以下看第二頌：

> ātmanyasati cātmīyaṃ kuta eva bhaviṣyati,
> nirmamo nirahaṃkārāḥ śamādātmātmanīnayoḥ.
> 若無有我者，何得有我所；滅我我所故，名得無我智。

廖冠威：在第二頌，因為一個有自性的超越的常、一的自我存在，是我們無法容許的，既然無法容許，也不會有透過這無法容許的自我產生出來的「我所」，所以他從這個根源的自我去否定掉「我所」的存在可能。

吳汝鈞：那你是說，「我所」是從那個自我發展出來的，「我所」就是這個自我所具有的種種的東西，所以這裡就有這個我與我所的分別。

廖冠威：既然我們剛剛證明沒有一個我們可以認識的常、一的自我的時候，那怎麼會有由之而生的我所呢？所以在這邊，龍樹透過這個我們沒有辦法確證的自我存在，去否定掉這個「我所」存在的可能。然後，第二頌的下半句，在這邊鳩摩羅什翻譯它說：「滅我我所故，名得無我智。」在字義上，感覺是當滅除我、我所的執取的時候，能夠推證一個所謂的「無我智」。但是實際上，龍樹並不是如此理解的，龍樹在這邊是說：「如果沒有自我，怎麼會有自我的所有呢？如果自我與自己的所有都沒有的話，人便沒有自我意識也沒有我所意識了。」所以在這邊我們可以看出漢譯本與梵文原本的立場是有所出入的，我們可以發現鳩摩羅什的思想可能是受到中國佛教的影響，因為在梵文原本，龍樹的思想裡面，他並沒有積極去證明一個超越的主體，就是說這個「無我智」。梵文原本並沒有提出一種「智」或是一個超越主體，這是一個比較保留的態度。龍樹只是說如果沒有自我也沒有我的所有，那我就不會有自我意識，也不會有我所意識了。這邊是一種對於自我意識與我所意識的否定，可是他沒有說人會有一個超越的主體在，在這邊看到龍樹的立場是一個很特別的無我的立場，跟鳩摩羅什的立場是不同的，鳩摩羅什可能是受到其弟子的影響，強調一個超越主體，即是「無我智」，這是一個比較積極的立場。

吳汝鈞：在《中論》的梵文本，我們找不到這個「無我智」。為什麼會有這個無我智出現呢？這個無我智怎麼來的？梵文本裡面沒有看到這個無我智。但鳩摩羅什的翻譯就有這個無我智，那怎麼會有這種情況，可能有好幾種因素：譬如說鳩摩羅什所拿到的梵文原本，裡面是有談到無我智，可是我們現在所找到的《中論》的梵文本，沒有這個無我智的講法。為什麼這個名相會出來呢？可能因為鳩摩羅什所拿到的版本，是另外一個版本。另外一個可能性就是，鳩摩羅什覺得，從上文看下來，顯然是要假定有這個無我智，鳩摩羅什於是自己加上去，他覺得這樣表達才夠完美。另外一個可能性，是後來的人，鳩摩羅什的學生也好，或是更下一代的也好，認為要有這個無我智，這種觀念，它裡面的「緣起性空」這種義理，才夠完滿。到底是哪一個因素才最接近真實的情況呢？現在已不可考。所以，懂梵文的人，就按照梵文本來講，不講那個無我智；不懂梵文，看到這個中文的翻譯……

廖冠威：有這個無我智，他們可能會比較採信？

吳汝鈞：就是有這種情況，我們現在已經沒有辦法去處理。問題是如果你根據這個梵文原本來看，就不會提出無我智；如果你不懂梵文，只能拿鳩摩羅什的翻譯來研究，那就依照這個《中論》的漢譯本來這樣處理……這是一個文獻學的問題，我們在這裡也不打算把這個問題，做一個比較詳細的探討。

吳汝鈞：再看第三頌：

> nirmamo nirahaṃkāro yaśca so 'pi na vidyate,
> nirmamaṃ nirahaṃkāraṃ yaḥ paśyati na paśyati.
> 得無我智者，是則名實觀；得無我智者，是人為希有。

廖冠威：我繼續講這第三頌。承著上面龍樹梵文原典的脈絡，他說：「離自我意識跟自我所有意識的人亦是不存在的，那些人以為離自我意識與所有意識的人是存在的，那些人便未見真實。」我認為這一頌是承上面那一頌說的，說人都很想要建立一個超越的自我，然後龍樹就說，你以為可以如此，其實這些人並不存在，這些所謂脫開這些意識的人，還是自我認知的一個虛妄的對象。在這邊我們又可以看到龍樹對於超越主體的退避、保留的態度，他不認為會有一個離自我意識與所有意識的人，他覺得這樣的人是不存在的。我們依照這個梵文本來看，一直都可以看到他這樣的一個退避、保留的態度，我們就可以知道，龍樹並沒有積極提倡可以消滅自我與我所意識的超越主體，也沒有強調佛性，佛性要到如來藏說才提倡。所以我們可以看到這個漢譯版跟梵文原典有很大的差別，如果當前我們所看到的這個梵文本是龍樹的真實思想的話，我認為這是一個蠻值得注意的態度。我們可以看到從印度佛教到中國佛教的演變歷程，龍樹這邊沒有強調一個超越主體，是一個很獨特的觀點。

吳汝鈞：最後看第四頌：

> mametyahamiti kṣīṇe bahirdhādhyātmameva ca,
> nirudhyata upādānaṃ tatkṣayājjanmanaḥ kṣayaḥ.
> 內外我我所，盡滅無有故；諸受即為滅，受滅則身滅。

廖冠威：進到最後一頌，這邊比較沒有問題。「內外我我所，盡滅無有故；諸受即為滅，受滅則身滅。」這沒有翻譯的問題，它就是說，如果能消滅內在的執取與外在的執取，盡滅了這些之後，不在意識方面執取的話，特別是了解到人的根本執著是要建立自我，如果你能夠從這根本執著脫卻開來，就可以離開輪迴，轉到自由，即涅槃寂靜的境界。就是說，受胎生的種種意識執著脫開之後，就可以達到涅槃的境界。所以我們就這四頌來看，透過般若學遮詮、辯證的方式，然後結合老師之前所補充的「從自性立場」、「從緣起立場」看自我與五陰的關係，這個辯證的方式蠻有般若學語言的性格與特色。轉到講沒有自我與我所的問題，我們也可以看到佛教對「自我意識」與「自我所有意識」的逆反，對三法印「諸行無常」、「諸法無我」、「涅槃寂靜」的呼應，龍樹在這個問題的處理上，沒有強調一個超越的主體，展示一個獨特的立場。最後龍樹表示：當你斷除這些根本的執著後，終於能解脫，達到涅槃，這是龍樹〈觀法品〉前四頌的無我的觀點。在這個部分，我們也可以看到他跟阿毗達磨的區別哲學有很大的差別，就是五位七十五法跟龍樹的無我思想是截然不同，我想這也是龍樹對於區別哲學進行一種很透徹、深刻的分析。

吳汝鈞：無我智能夠破除我的那種執著，這個觀念，在梵文原本是沒有的，鳩摩羅什的翻譯就有這個無我智。進一步，我們可以從這個無我智，這個智的觀念，再展開下來，強調一種我們生命裡面的一種超越的主體性。然後從這個無我智，我們可以過渡到那種超越的主體性，這就是如來藏思想所要強調的。這個名相提出來，在這裡提出的無我智，是一種能夠超越、克服對我的執著，我們就把它看成是一種能夠讓眾生從生死煩惱中轉過來，提出如來藏思想，我們可過渡到如來藏思想。我們可以以這個無我智作為一個橋樑，看中觀學如何發展到如來藏思想，因為無我智跟如來藏思想，在義理上有一定的關聯。較詳細地說，在中國佛教裡面，一般的佛教徒、學者了解中觀學的義理，應該是根據鳩摩羅什的漢譯本來了解，他們大概不懂梵文，不能夠從梵文原典來了解中觀學。因此，在這裡所提的這個無我智，可以說是如來藏思想，就是從中觀學過渡到如來藏思想的一個橋樑。下面我們就可以從中觀學、唯識學進一步了解印度大乘佛教的發展。我們在這裡更可進到印度佛教的如來藏思想，作為印度佛學後期的發展，如何轉到中國佛學的三個宗派：天台宗、華嚴宗跟禪宗。這三個學派基本上是以如來藏作為一個焦點提出的。在印度佛教裡面，它的重點基本上是講唯識學、中觀學，雖然有如來藏思想的講習，但是如來藏思想在印度佛學裡面不是重點，到中國後轉為佛性思想，在中國佛教裡面才廣為流傳。而現實上的天台宗、華嚴宗、禪宗，它們主要都是發揚這佛性的觀念；這佛性觀念，如果你把它放在印度佛學裡面來講的話，那就是如來藏思想。

回到這本《中論》。這書非常難懂，可是非常重要，比很多經典論典都還要難懂。《中論》是鳩摩羅什（Kumārajīva）翻譯的，Mūlamadhyamaka 是中間的意味，kārikā 就是頌。這本書可以說是大乘佛教裡面最重要的一本文獻，我們要接觸、理解大乘佛學，就一定要唸這本書，它裡面有很多偈頌，都是挺重要的，對後來印度佛學的思想的發展，非常重要，有很重要的影響。再下來，印度佛學傳到中國，這本書也是非常重要，尤其是對天台宗，有決定性的影響。

二、因緣、空、假名、中道

然後，我在《中論》裡面，挑其中最重要的一首偈頌來講一下，這偈頌可以說是整本《中論》裡面，影響最大的，而且它的觀念性、理論性也很強。就是這《中論》裡面，第二十四品第十八偈頌。在整個印度大乘佛教的發展下來，是挺重要的一首偈頌，對整個中國佛學的影響也非常大。再後面，第十九、二十首偈頌，也就是跟著這一首偈頌，繼續發展出來，對我們講這個中觀學，特別是龍樹的《中論》具核心性格的。這裡我們就把這幾首偈頌，做一個比較深入的了解。

yaḥ pratītyasamutpādaḥ śūnyatāṃ tāṃ pracakṣmahe,
sā prajñaptirupādāya pratipatsaiva madhyamā.
眾因緣生法，我說即是空(無)；亦為是假名，亦是中道義。

apratītya samutpanno dharmaḥ kaścinna vidyate,
yasmāttasmādaśūnyo hi dharmaḥ kaścinna vidyate.
未曾有一法，不從因緣生；是故一切法，無不是空者。

yadyaśūnyamidaṃ sarvamudayo nāsti na vyayaḥ,
catūrṇāmāryasatyānāmabhāvaste prasajyate.
若一切不空，則無有生滅；如是則無有，四聖諦之法。

我們就開始講這些偈頌，就是「眾因緣生法，我說即是空，亦為是假名，亦是中道義」，這是第十八頌；然後下來是第十九頌「未曾有一法，不從因緣生，是故一切法，無不是空者」；再下來是第二十頌「若一切不空，則無有生滅，如是則無有，四聖諦之法」。在這裡提到釋迦牟尼的「苦、集、滅、道」這四諦，從苦諦、集諦、滅諦、道諦，四方面的體會真理的歷程。我們先注意這偈頌「眾因緣生法，我說即是空，亦為是假名，亦是中道義」。這偈頌為什麼重要呢？因為在這偈頌裡面，印度佛教裡面最重要的四個觀念都出來了，都在這個頌裡面提了出來。「眾因緣生法」，是緣起，緣起性空的那種義理。「我說即是空」，這空就是佛教講一切事物都沒有它的獨立自存的實在性，這是空（śūnyatā）。再下來，「亦為是假名」，假名（prajñapti）是對世間上種種不同的事物，雖然它們基本的性格是有漏的，就是三法印裡面「諸行無常、諸法無我、有漏皆苦、涅槃寂靜」第三句「有漏皆苦」，有關這種種的、有漏的事物，現象界的那些事物，它的本質，它的基本作用就是讓人感到苦：「有漏皆苦」。然後，我們對於這些各自不同的事物，為了分別它們的不同，所以就用名字來識別，那就是「假名」。譬如說這桌子，「桌子」就是一個假名；這個果汁瓶、這支筆、這個手機，都是假名。我們為什麼要建立假名這個觀念呢？目的就是要對世間上種種事物，跟我們的生活有密切關係的那些東西，把它們分別出來，它們全都是假名，不是真實的。假名就是我們為了區別世間事物的分別，給它一個名字，這個名字，就是假名。假名這個假，不是真假的假，而是我們以這麼一種概念來指述世間上的種種事物，給它一個假名，這個假字不是終極的意味。最後是「亦是中道義」。「中道」（madhyamā pratipad）是佛教裡面講的終極真理，這個「中道」跟「空」有很密切的關係。所以這偈頌裡面，第一句講緣起，第二句講空，第三句講假名，第四句講中道，因緣生跟空、假名、中道，都是印度佛教裡面非常重要的概念。

我們先看第一句「眾因緣生法」，世間上種種不同的事物，就是「法」，這些「法」是透過緣起那種方式而生起，所以是緣起，就是由不同的、種種的因素集合起來，那事物是通過種種不同的成素（元素，element）產生出來。這個意思非常清楚，譬如說這個眼鏡，它是一個緣起的「法」，它是通過不同的材料結合而成為這個眼鏡，而它的用途也很清楚，你戴了眼鏡，你看事物就可以看得比較清楚。這個眼鏡啊，它就是眾緣所生法，這緣，其中一個是這塊玻璃，那個鏡，然後一個是眼鏡的那個框架，還有一個是戴上去支撐的鼻墊，所以這個眼鏡是一種眾因緣生法，它由幾種因緣、成素生起，這就是第一句「眾因緣生法」。你可能會問：「這因跟緣有什麼分別呢？是不是都是一樣呢？」佛教是這樣了解，因是主要的原因，緣是助緣，主要的原因跟助緣，就構成法。然後第二句「我說即是空」，這很順的，就是說種種的法，都是由不同的因素組合而來，所以就不可能有一種常住不變的自性，所謂自性就是一個東西它自己就能夠讓自己存在的。這個自性跟因緣生法是對反的，因緣生法就是說那個法、那個事物，是由因緣而成立的，因為它是由不同的材料結合起來，所以就沒有常住不變的自性，這就是「空」（śūnyatā）。我們通常說四大皆空，這四大是什麼東西呢？我們的了解就是整個宇宙啊，就是由四大，四種很重要的、很基本的元素構成。這也不一定只是佛教的講法，我們一般講的那個宇宙的構成的資料，就是四大，有四種大，大，就是根本的元素，這個四大是指哪些大？

王明翠：是地、水、火、風。

吳汝鈞：這就對了，地大、水大、風大、火大，是四大，這是因緣。宇宙的種種事物，基本上是由四大這幾個基本的元素組成，就成為那個法，當然這樣解釋太籠統，什麼東西都是由這四大組成，那些東西既然是由不同的地、水、火、風組成，是不是就是說它們的構成要素都是一樣呢？這不一樣啊，這瓶子、這筆、這眼鏡，你也可以說是四大，四種基本的元素構成，可是它們是有分別。這瓶子是裝水的。這筆是拿來寫字的。這眼鏡是拿來看事物、看得清楚的。所以這四大皆空的提出，還是太籠統。四種根本的元素合起來，就成為那個「法」、那個事物，所以它是空的，它沒有獨立的自性，因為它是從不同的因素集合起來。譬如說玫瑰，玫瑰花是從玫瑰樹生出來，這玫瑰樹，它能夠生在地上，也要有很多很多因素。如果我要分析玫瑰樹，看它是由哪一些因素組成，我們就可以說，你先要有玫瑰的種子，不同的花有不同的種子，牡丹的種子跟玫瑰的種子是不一樣的，這是種子。還有其他不同的因素，包括泥土、陽光、水分。種種因素集合起來，就讓玫瑰樹生長起來，可以開花散葉。這裡就是在說，種種不同的事物，都由不同的因緣，集合起來而構成，它們都沒有獨立的自性、獨立的實在性。它們都是假名，手錶、水、筆、書都是假名。它們特別重要的地方就是假，假不是真假的假，而是「約定俗成」，這個瓶子原本不一定叫「瓶子」，只是我們透過一個約定俗成的方式，把這個水瓶說成是「瓶子」，判別它的作用，就是可以裝水在裡面，可以拿來飲的，這是假名。假是一種假設，不是終極的，不是最後的，是我們安立種種不同的假名，用來描述世間上種種不同的事物，所謂不同是樣子不同，功用也不同，「亦為是假名」。最後是「亦是中道義」，所謂「中道」，就是事物的狀態。中道是不偏於某一個角落，超越種種的、相對的狀況，而顯出一種「中道」性格。

我們把這偈頌，做這種了解。「眾因緣生法」是指那些因緣生的法、事物；「我說即是空」，因為這些不同的東西都是由眾因緣所生，所以我就說它們是空，沒有獨立自性。由於它們跟我們的關係，我們要運用那些不同的東西，作為我們起居生活的一些材料，我們說它們全都是空。可是這些現象界的東西，樣貌各自不同，作用也不一樣，我們要把它們的樣貌、作用區分出來，用不同的名字來指述這些東西，這是「假名」，假名也是空啊。我們的姓名也是假名，我姓吳，姓吳這種情況是不是一定要這樣姓呢？不一定，這是約定俗成。譬如說我要喝水，我就說你們拿一瓶水給我喝，這一瓶水也不一定要叫一瓶水，只是我們約定俗成講這個東西是一瓶水，如果你把這裡面的水倒掉，換成酒，酒有很多種，有威士忌、白蘭地、啤酒……都是酒，可你要分別這些不同的酒，你就要確立一個名相，一個假名，紅酒是假名，啤酒也是假名，威士忌也是假名……我們就是用這個假名來安置這些不同的酒，這些全部都是假名，連「酒」都是假名，我們可以不叫它是酒，只是大家叫慣了，所以都用「酒」這個名字來指這些飲料，就這樣。

最後我們講「中道」，什麼是中道啊？表面的意思是不偏不倚，是處於「中」的狀況，這是「中道」，這是我們一般人對於「中」的了解。可這中道，這種了解，跟我們一般講哲學的中道完全不一樣，亞里斯多德也說這個中道（means），他講的中道，跟我們一般所了解的差不多，就是不偏不倚。可是在佛教，這中道不是這種意味，就是說，有人說有，有人說無；有人說生，有人說死。很多很多相對反的概念，一般人的了解所謂中道就是不要偏於任何一方，就是待在中間的那種階段。佛教裡面有另外的看法，對於中道有一種跟平常人不一樣的看法。像有跟無，這是最大的範疇了，有跟無，一般人的看法，是以為有是好的，無是不好的，有就是擁有飽滿的狀況，無就是失敗了，失去了那麼一種無、虛無。西方講這中，一般來講就是這樣了解，譬如說一條繩子，這邊是一端，那邊是另外一端，這繩也就這麼長，如果說我要這個繩子的中道的那邊，你就拿一把剪刀，把中間那個地方剪掉，這就是中道。另外一些人講中道就是把某種狀態特別加強，對另外一種狀態就是去減弱它，像生與死、理性與非理性、存在與不存在、善跟惡、愛跟恨，一般人都會有這麼一種想法，在兩端的中間把它剪開，把不好的拿掉、丟掉，那好的，就留下來。就這有跟無來講，一般人的看法通常認為有是好的，擁有；無是一無所有，沒有。一般人就是這樣想，在有跟無之間，你在它們中間那個地方剪下來，這邊不好，我不要了；另外一邊是好，我就保持。可佛教在這方面不一樣，就是說在有無之間，你不能只要有，不要無，把無這一段取消，保留有這一段。「中」表示一種超越的狀況，它是有一個深度，有一個高度，拿這有跟無來看，這無跟有，都是存在的概念，存有啊，存在。對於這個存在的不同的概念，像這個有，像那個無，我們處理這兩方面的存在時，不能夠把無丟掉，而保留有。佛教不是這樣看，京都學派也不是這樣看，它們說有跟無不能分隔起來，只取有的部分，丟掉無的部分，不能這樣做。它們說，種種對反的範疇，有跟無、愛跟恨、生跟死、有限與無限，所有這些都是悖反的、相對反的範疇、概念，你不能取此捨彼。生死不是可以剪斷的，只要生不要死。毋寧是，生跟死在存有論的立場上來說，它們具有等同的存在性，要不你就兩邊都擁有，有生有死；或者兩邊都沒有。你不能以生來克服死，只取生的部分，不要死的部分，因為生跟死，從存有論這方面來講，有同等的存在性，你不能執取對你有利的一方，丟掉對你沒有利的他方，不能這樣。在我們的理性這方面來講，這是不可能的，要不你同時擁有生與死，不能只要生不要死，這是一點；另外一點就是，你可以從生死的那種二元性突破出來，超越上來，而達到一種無生無死的精神境界。所以道教那種讓人修練做神仙，是錯誤的，完全沒有結果，他們是希望只要生不要死，那就是神仙啊，神仙就是有生無死，所以大家都要做神仙，修練，做神仙的那種行為、那種實踐。這裡有一個很基本的錯誤，以為生死好像是一條線的兩端，一端是生，一端是死，然後你從中間剪開，這邊是死，那邊是生，你把死那邊丟掉，把生保留下來，這樣就可以做神仙啊，這在理性上是不可能的，因為生跟死在存有論的立場上來講，有對等的地位，你不能以生來克服死。

所以我們說這種中，是要從生死、有無那些悖反，超越上來、突破上來，達到一種境界，從有無、生死、染淨這些二律悖反突破（breakthrough）、超越（transcend），跟一般人所講的那個中，不偏不倚，採取一種平均的角度來處理，不一樣。我舉一個例子，像京都學派第二代，有一個代表人物，叫久松真一，他到了晚年，病臥在床，他的家人很傷心，怕他會死，大家都在哭，他反而安慰他們，叫他們不要哭，他說：「我沒有生，也沒有死，你們不須要哭，不要為我而傷心，以為我要死了。」就是說他能夠從生死的二律悖反裡面，突破了、超越了，已經達致無生無死的境界。他講生死，不是從一般人的那種了解、角度講，久松說，生死是一如，他是從生死所構成的相對的二律悖反衝破出來，達到無生無死的境界。生死一如，在這裡面，生跟死不是對反的，而是對於生跟死超越、突破出來，所以他說我沒有生也沒有死。像我們一般講的，十二因緣裡面講的那個有，有以後就是生老病死，死了以後在另外一個個體生命裡面受胎而生，他已經超越了十二因緣裡面以十二個因果環節來解釋我們的生死的歷程，破了這個十二因緣，把生死相對反的困局突破了。我們一般人都有生有死，我們都生活在生死的二律悖反裡面，沒有辦法突破出來。久松已經超越了這個生死的悖反，可這個要修行啊、要實踐啊，不能說一下子就馬上實現啊。對於生，對於死這兩個相對的概念，解放出來。這點很重要。文天祥不是寫了一首詩嗎？「辛苦遭逢起一經，干戈落落四周星。山河破碎風拋絮，身世飄搖雨打萍。惶恐灘頭說惶恐，零丁洋裡嘆零丁。人生自古誰無死？留取丹心照汗青。」最後這兩句「人生自古誰無死？留取丹心照汗青」就表示他已經克服了生死的悖反，達到無生無死的精神境界。元人把他關在一個非常破陋的環境裡面，他則為生死而奮鬥，最後超越了生死的這種相對的維度（dimension），沒有個人生死的意識了，他是要「留取丹心照汗青」。他已經超越了生死的二律悖反，不把生死放在眼內。還是久松的那種說法，比較有哲學性的味道。龍樹在這裡所說的「亦是中道義」，應該從對於生死的克服，達到一種絕對的境界——中道的境界來理解。這首偈頌的意思就是這樣。

我們現在回到《中論》第二十四品第十八首偈頌上面，做一個文獻學的了解。這首「眾因緣生法，我說即是空，亦為是假名，亦是中道義」是鳩摩羅什翻譯的。在這樣一種翻譯裡面，我們看到一種文法上的關係，「眾因緣生法」是主詞（subject）；然後「我說即是空，亦為是假名，亦是中道義」裡面有三個概念，全都出來了，就是「空」、「假名」、「中道」，再加上眾因緣生法，整個印度佛教裡面最重要的四個概念出來了。這裡面我們就看到「眾因緣生法」是主詞，謂詞（predicate）就用了幾個概念來說，一個是空、一個是假名、一個是中道。可是在梵文的原本裡面，不是這樣。我們查梵文原典，前面半首偈頌，鳩摩羅什翻出來是沒有錯誤的，跟梵文原典相對來看是正確的。可是後面那半首偈頌，鳩摩羅什的翻譯引起很嚴重的問題。梵文原典整首偈頌的意思是：「我宣說一切因緣生法都是空，由於這空是假名，因此這空是中道。」所以我們看這梵文原典的偈頌，一切因緣生法是空，在這裡眾因緣生法是主詞，空是謂詞，這半首偈頌沒錯。後面就完全不一樣：「由於這空是假名，因此這空是中道」，在這裡，主詞跟謂詞的關係不一樣。在漢譯，鳩摩羅什的翻譯以眾因緣所生法是主詞，我說即是空這個空是因緣生法的謂詞，亦為是假名，亦是中道義，這假名跟這中道，鳩摩羅什都視為是因緣所生法的謂詞。所以這前半首偈頌是正確的，後面那半首偈頌「亦為是假名，亦是中道義」，在鳩摩羅什的翻譯裡面，他把假名跟中道，都說成跟空一樣，是眾因緣生法的謂詞，漢譯就是這樣了解。往後中國佛學了解龍樹思想，都取鳩摩羅什這種有錯誤的翻譯來了解；所以中國佛學，特別是天台宗，一講到佛教所謂的三諦，便離不開這個錯誤的翻譯。可是我們看梵文原典，龍樹那套思想，不是三諦的思想，只是二諦的思想，所謂二諦，就是俗諦跟真諦，俗諦就是假名，真諦就是空。在梵文原典裡，它沒有把中道看成一種諦，而是把中道看成為是補充這個空，一個補充的概念。我們看這首梵文原來的偈頌，「一切因緣生法都是空」就是把空看作一切因緣生法的謂詞，下面啊，原來的意思就不是鳩摩羅什所翻譯的情況，它是把這個空啊，看成是假名，然後因為這樣，這個空就是中道。這種了解，就影響到中觀學與中國的佛學，特別是天台宗，講到有關這個終極的真理，是不一樣的。這首梵文的偈頌，在後半部分，它是說這個空是假名，然後說這個空是中道，這個意義跟鳩摩羅什的翻譯非常不一樣。我們根據梵文的原本來看的話，那梵文原本的看法是有關這個終極真理啊，它是講二諦的，兩種真理，就是真諦跟俗諦，真諦是空，俗諦是假名。可發展到天台宗，因為天台宗所看的《中論》，是鳩摩羅什所翻譯的，鳩摩羅什對於這個偈頌的翻譯是出了問題的，前一半的偈頌是正確的，但後面半個偈頌跟梵文原典是不一樣的。

後來天台宗講終極真理，就根據鳩摩羅什的這種翻譯，把因緣生法講成是一邊是空，一邊是假名，另外一邊是中道，就從這首偈頌發展成三諦理論，表示終極真理有三個面向，一個是空，是空諦；另一個是假名，是假諦；然後就是中道，是中諦。空諦、假諦、中諦，而成三諦。那首相關的偈頌便成「三諦偈」。天台宗在了解龍樹的這種對終極真理的了解，把它了解為三諦。可是梵文原典沒有把空、假、中三方面列出來，只說空是假名，然後這個空也就是中道。天台宗為什麼根據這首偈頌發展出三諦的理論呢？就是因為它通過鳩摩羅什的這個翻譯來了解中觀學。這些天台宗的宗師，大概都是不懂梵文的，他們只能通過鳩摩羅什的翻譯來了解中觀學，尤其是這首三諦偈。不過這三諦的理論也有它精彩的地方，後面我們講天台宗的時候會涉及到。所以我們可以說，天台宗對《中論》這首偈頌，有創造性的詮釋。它在這個錯誤裡面，把這三個概念發展出三諦的理論，如果用傅偉勳的詮釋學的看法來看，是一種創造性的詮釋。後來天台宗發展出種種說法：三諦、一心三觀、一念三千，這一些說法，都是跟這三諦的解讀有密切的關聯。這點就很奇怪，你搞錯了卻反而發展出一套很精采的理論，所以我們要注意搞錯了有什麼問題，因為這搞錯可能讓我們發展出另外一種非常有創意、有創造性的了解，這是「塞翁失馬，焉知非福」啊！

三、空亦復空

吳汝鈞：在這裡，我們就根據那首三諦偈的梵文原本來看空、假名、中道，這三個觀念之間的關聯。它是說空也是假名，它的本義不過是一種假名，不過是一種約定俗成的一種講法，並不表示終極的真理，並不表示在因緣生法以外，另外有一個東西叫作空。我們說眾因緣生法是空，就是說因為眾因緣生法，就是由這個因緣合起來，不表示眾因緣生法這個因果的世界之外，有一個叫「空」的真理存在，並不是這個意思。所以空是在眾因緣生法的脈絡下提出來，並不是說在眾因緣生法的這個世界之外，有另外一個世界，這個世界就是空。空是在這眾因緣生法裡面講，不是在眾因緣生法外面，再有一個絕對的世界，有一種絕對的東西是空，這點非常重要。中觀學裡一個很有名的學者青目（Piṅgala），在這裡詮釋這首偈頌的時候，講到這個空又是假名這一點上，提到說，空也不過是假名，我們不能把這空看成為是外在於這個經驗世界，有一個名為空的這種真理，不是這個意思。所以他就說，這個眾因緣生法的空，也是空。所以他在這裡就提出「空亦復空」。我們不要執著這個空，我們對於這個空還是要把它空掉，因為它是假名，我們非要把它空掉不可，所以他提出「空亦復空」，用另外一種講法就是「空空」。這「空空」是什麼意思呢？空空的涵義，是我們對於作為假名的空，還是要把它否定。進一步，空的相對面是有，這有也要把它否定，這就是我們對這空、有所進行的雙邊否定，那就成為佛教裡面，特別是中觀學裡面「非空非有」這種說法。什麼是「非空非有」呢？這個就是中道，對悖反的雙方的同時否定。這是佛教裡面，特別是中觀學裡面，非常重要的一點。就是同時否定悖反的雙方，從這個悖反的雙方，從空跟有這種悖反突破出來、超越上來，而到達不是有也不是空的這個非空非有的超越的境界，這就是中道。

四、論證方式

吳汝鈞：我們在這裡要講一下龍樹中觀學的思考方法。龍樹對某一個命題要做一個肯定（confirmation），通常是怎麼樣的呢？我們舉一個例，在中觀學的思考、辯證裡面，他要證成（confirm）一個命題，譬如說 A 是 B 這個命題（proposition），其中主詞是 A，謂詞是 B。如果我們要證成、建立 A 是 B 的命題，怎麼樣進行呢？龍樹的方式很特別，他不會直接跟你說 A 是 B，卻是從反面來說——如果 A 不是 B 會產生什麼困難？由這困難來回溯 A 一定要是 B。就是說，如果 A 不是 B 會造成什麼矛盾？如果要把這個矛盾解決，我們就不能說 A 不是 B，最後證成 A 就是 B。他是用這種翻轉的方式來講。在這裡就牽連自性的問題，用自性這一點來展開。就龍樹在建立種種因緣生法都不能有自性這點來講，那就是「眾因緣生法，我說即是空」，就是說眾因緣生法都是空的，它們是透過各種因素構成，從這裡講下去，結果就發現，你如果以自性的立場來講的話，從一切事物都有自性這點來講的話，會發生什麼樣的矛盾問題，跟我們日常所了解的情況不一樣。為了避免這樣的狀況出現，就不要以自性這個立場來講眾因緣生法。

我們在這裡有三個圖表：

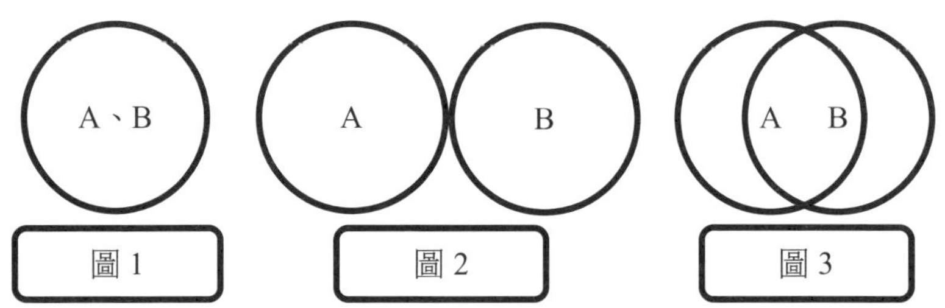

這表示三個情況，第一個是 A 跟 B 相重疊，完全是一樣；第二個是 A 跟 B 完全分開，沒有交集；最後一個是 A 跟 B 有分開的地方，也有重疊的地方。就是說有三種情況，第一種是 A 跟 B 完全重疊、完全一樣，第二種是 A 跟 B 完全沒有交集，A 就是 A，B 就是 B，中間沒有 B 跟 A 的關聯，第三種是在 A、B 裡面，有重疊的地方，也有不重疊的地方。我們就依這個次序，把這三種情況說明

一下。必須說明，我們是從有自性的這點來講，那就會有下面的情況：如果我們以自性的角度來看 A、B，這樣會出現圖 1 的情況，兩者完全重疊、完全一樣。因為如果以有自性的立場來講這個 A、B 的話，那 A、B 就是整一不可分割的，你從自性的立場來看 A、B，那 A 就是 B，兩者是整一的、一個完整的狀況，不可以分割，所以說 A 跟 B 完全相同，不可能有不一樣的地方。在這裡面最關鍵的地方，就是如果你以自性這個角度來講 A 跟 B，這 A 跟這 B，因為它們都有自性，不能分割，是一個整一，你不能把它們分成為兩段，兩段、四段、八段，多少段都不可以，因為這是有自性，這兩種東西都不能分割，因為它們有自性，那就是重疊、不能分開的，這是一面。然後，再看第二方面，A 跟 B，如果你說兩者都有自性的話，就表示兩者不能分割，兩者不可能重疊，這就表示兩者完全分開，所以在圖 2，A 跟 B 沒有重疊的地方，就是說兩者不能有相同的地方，完全沒有交集。現在我們就講這兩邊同跟不同方面，就是說 A 跟 B 只能有完全相同或是完全相異的關係，沒有中間交集的地方。就是如果我們以自性的立場來看 A、B 的話，我們只能說兩者要不就完全一樣，要不就完全不一樣，沒有重疊。這裡面兩種情況，一種是完全一樣，重疊的；一種是完全不一樣，沒有關聯的。就是說我們以自性的立場來看 A 跟 B，那麼它們就只能完全相同的跟完全不相同的，不可能有一部分相同另外一部分不相同。如果我們不以自性的立場來看 A、B 的關係，這樣 A 跟 B 都可以分割，A 自己可以分割，B 自己也可以分割，它們的關係可以說是有相同的地方也有不相同的地方。我們最後就可以說，A 跟 B 兩者，如果我們不用自性的立場來看，它們都是可分割的，因為它們都是緣起的，緣起的東西可以合起來也可以分開。如果你不用有自性的角度來看，以緣起的角度來看，那麼這 A、B，因為它們是緣起，所以就可以分割。緣起的東西，譬如說我們這個房間裡面，有桌子、椅子、燈、人……有很多東西合在一起，整個房間都是由不同的因素合起來，這是緣起，可以分開。譬如說我們到五點講完課了，那我們就回家，這個房間就不是原來的那個整一的情況了，因為大家都回家了，這個房間就空了，只剩桌子、椅子這些，這就表示這個房間，不是有自性、不是一個完整的、不能分割的，它是可以分割的，五點鐘之後就不一樣了。如果我們不從自性的立場來看，而是用緣起的立場來看，那 A 跟 B 就可以有部分重疊、有部分不重疊的地方，就是這個圖 3，這是以緣起作為基礎。《中論》基本上就是以這種方式來進行它的論證（argumentation）。以有自性來看、以緣起來看，兩面不一樣。在我的《印度佛學研究》裡面，第五章就是講龍樹的「空之論證」，裡面集中講龍樹的論證方式。他的論證方式是這樣，他說 A 跟 B 的等同關係，他不會先說 A 是 B，不是這樣子。他先假設 A 不是 B 這種情況會導致矛盾，跟我們日常的了解相衝突。就是如果你是以自性來看這個 A 跟 B，則兩者沒有交集，會碰到問題。如果你要避免這些問題，你就要改變這個以有自性的立場來講 A 跟 B，你要放棄自性這個基礎，最後你不要用這個自性的立場來展開論證，你要從緣起的角度來進行你的論證，這樣你的論證就會變得有效（valid）。以自性的立場來看，就不是有效的（invalid）。

五、緣起與性空

吳汝鈞：我們最初講四聖諦、三法印、十二因緣，這是佛教最基本的講法，我現在補充緣起性空這一點，這也是佛教蠻重要的教義，它講緣起性空，意思就有包含四聖諦、三法印跟十二因緣。緣起性空好像是兩回事，緣起，是一回事；性空，是另外一回事。緣起講現象世界種種事物，講經驗的世界、現象的世界。表面上看，它不是超越的世界，超越的世界裡面沒有緣起啊，那是本體方面啊。性空，我們通常是講超越的世界，例如上帝啊，祂當然是屬於超越的境界，所以我們不能以緣起來說上帝，上帝超越經驗世界，也可以說創造經驗世界，連我們人都是上帝創造出來的。所以這性空，主要是講超越的世界，也可以這樣說，經驗的世界裡面的種種事物，都有一個很基本的性格，就是緣起，世間所有的東西都是緣起。對於上帝，則不能說是緣起，祂本來就存在的。現象世界的事物，都有一個特色，這個特色就是緣起，它們的生起是透過因與緣，緣的集合，種種事物就建立起來。所以我們講緣起的時候，基本上是針對現象世界種種事物來講，不包括超越方面的東西。像孔夫子講的仁、王陽明講的良知、宋明理學家講的理，都不是緣起的，它們本來是超越的，本來是超越世界裡面的存在。它們之間有沒有什麼相連的地方，好像很少人在這方面整理過。我們在形而上學這一方面，還有很多很多可以開拓的空間。我最近覺得在這一方面要做一些研究，譬如說基督教講的上帝跟孔夫子講的仁，有什麼關係呢？我們提出緣起性空，通常的了解是，緣起是現象世界，性空關聯到那個超越的世界，可是從佛教的講法來看，它講緣起性空，好像沒有把它歸為兩種領域，它是要把緣起性空統合起來，講同一種現象、講同一種情況。在經驗世界我們講緣起，在超越世界我們講性空，這一點從佛教來講，可以從另外一個角度來看：緣起跟性空是不能分開的。說性空，我們是在哪一種脈絡下講空呢？那還是講緣起世界的東西，現象世界的種種事物，都是緣起的，所以它們的本性是空。如果是這樣的話，緣起性空應該不能分開來講，緣起一定要從性空來講，因為是性空，所以事物就有這麼一種緣起。另外一面是，緣起就是性空，就是因為是緣起，所以是性空，緣起跟性空一定要合在一起來講，不能分開。我們不能把性空講為是世界外面有那麼一種東西是空，不能拋離現象世界來講這個性空。譬如《心經》說「色即是空，空即是色」，這樣講是把色跟空連起來；你要講空的話，色即是空，色就是世界上種種的事物，它們當體就是空，中間沒有曲折、沒有距離。所以我們講空的時候，一定是就那個現象世界，講性空。如果是這樣的話，我們就可以把緣起跟性空集合在一起來講，不能分開。這讓我們想到在哲學上，特別在邏輯上有兩種命題，一種是分析命題，一種是綜合命題。所謂分析命題是說謂詞意義在主詞中就看得出來，綜合命題是要看實際上的情況是怎麼樣。如果我們把分析命題跟綜合命題就命題的分類來講的話，就可以提出一個問題：緣起性空到底是分析命題還是綜合命題呢？我會這樣想，緣起跟性空是不能分開的，一定要合起來講，應該是分析命題，就是從緣起這個主詞裡面，我們就可以分析出性空這個謂詞。我們說緣起性空，緣起是主詞（subject），性空是謂詞（predicate），我看緣起性空應該是一分析命題，緣起與性空的意思是完全一樣。不過，我們說緣起，是從現象世界來講，說性空則是有關這個現象世界裡面的種種事物的超越的特性。緣起自身便表示事物是性空的，它們都有性空的性格。沒有是緣起而不是性空的。緣起自身便包含性空的涵義，性空必須在緣起的情況下說。

第三章　唯識學

張子妍：今天由我報告唯識學。我把報告分為四節來講，第一節先講唯識的內涵，第二節講八識涵義，第三節講種子的意涵，第四節講轉識成智，最後做一個結論。佛教的基本教義是緣起性空，在印度大乘佛教又分為空宗和有宗。空宗以般若學和中觀學為主，有宗則以唯識學為其代表，空宗主要以性空為其教義，有宗則以緣起為其主要思想。

唯識學派是由無著（Asaṅga）及世親（Vasubandhu）所建立。世親還在最初研究小乘佛教時，創作了《阿毗達磨俱舍》（*Abhidharmakośa*），後來轉向大乘，又寫了幾部重要的論典，其中有一部為《唯識三十頌》（*Triṃśikāvijñaptimātratā-kārikā*），這一部奠定了唯識體系的重要地位以及文獻。另外，還有一部有關唯識學的則是由玄奘蒐集當時的論師對《唯識三十頌》的解釋。當時有十大論師對《唯識三十頌》的解釋，大都以護法（Dharmapāla）為主，玄奘則將這些翻譯為漢文，而成為《成唯識論》。這二部是目前唯識學最重要的文獻，而《成唯識論》則是《唯識三十頌》的疏釋。所以，唯識的著作主要有彌勒的《瑜伽師地論》（*Yogācārabhūmi*）、無著的《攝大乘論》（*Mahāyānasaṃgraha*）、世親的《唯識三十頌》、護法註釋《唯識三十頌》的《成唯識論》，這些都是唯識學的主要文獻。

一、唯識

所謂唯識，即是萬物萬象是由心識的變化作用所展現，換言之，一切外在現象界的存在本源，都是心識。唯識學主要是以經驗主義為其思想脈絡。唯識學對於現象界的事物，都一律視為識的變現，認為它們是由阿賴耶識的種子所生起的。所謂「萬法唯識」，表示一切法都是唯識所變現，沒有獨立自存性。這變現指由人主體的意識所產生的，指心識創造一切法。老師上次有說一句話「境由識變，識亦非實」，我覺得這句話把唯識的整個意涵充分的表達出來。境沒有實在性，而「識亦非實」，心識也不具有實在性。老師在《中國佛學的現代詮釋》說：「佛教以緣起性空說一切法。緣起與性空實表示一體之兩面。所謂緣起，即指一切現象與事物皆由各種因素或條件組合而成，由於事物是因緣和合而成，故沒有自性，其本質是空。」[1]換言之，世間萬事萬物皆由各種因緣所生，不是獨存性的東西，不是一成不變。所有因緣和合而生起的現象都是假相，物質界裡的所有現象都是隨緣幻現。

唯識的心識與外境是對立的，識是認識的意思，也是存在世界的本源。現象界的存在要透過心識的「識」來認識和分別。唯識學主張諸法的相狀都是唯識所變，並且對宇宙萬有的現象物建立法相，用來解釋宇宙人生的道理，所以唯識學又稱為法相宗。何謂法相？舉例來說，一張桌子，我們要認識這張桌子，必須分辨它，看它的形狀、顏色、硬度等，這便是相。這相的根源，便是心識。

上星期老師說過：教室桌上的一杯水，我拿來喝，但是沒有喝

1　吳汝鈞：《中國佛學的現代詮釋》，臺北：文津出版社，頁23-24。

完就走出教室，隔一段時間回來，這杯水可能不是原來那杯水了。為什麼呢？因為這杯水在我走出教室，離開教室後的這段時間，已經產生了變化了，雖然，我再回到教室，看著這杯水，感覺它完全沒變，但是，它可能已經不是原來那杯水了。關於這個說法，可能還需請老師指正一下。

吳汝鈞：我們通常是這樣看的，這杯水放在桌上，我離開再回來拿起來喝，感覺這杯水還是一樣沒有變，這是我們日常的想法，比較通俗的想法。可是你不能很確定的這樣說，就是這杯水在我離開這教室時，在外面待了一段時間，再進來拿這杯水來喝，感覺好像沒什麼改變，這是一般經驗的感覺。但我們不能很確定說這杯水在我離開後與再回來時是一樣的，我們感覺沒有變是靠我們以往的經驗來說，我們不能確定地說這杯水在我離開後再回來時完全沒有改變。我們不能以一種絕對的態度來講，這杯水在我離開教室後再回來的那段時間裡，它還是原來那杯水。我們通常會用一般的經驗來說這杯水並沒有變化，認為這杯水跟我離開教室時的那杯水完全沒有改變。可能在我離開教室後再回來時，在這段時間有一個第三者動了這杯水，他是誰啊？是上帝啊，上帝存在嗎？相信就有，不相信就沒有。我們可以設想這杯水在我離開後再進來這段時間，有發生變化，只是大家都沒有發現而已。我們不能否定有可能是上帝進來過，讓這杯水產生了一些變化。

張子妍：所以，唯識就是凡是萬事萬物的顯化，都是由我們心識的作用所現，也就是說，外在現象界存在都是源於我們的心識。吳汝鈞老師說：「有關外在世界與心識的關係，有兩點可說：第一，外在世界是獨立於我們的心識而存在，其存在性是不需要依賴我們的心識的；第二，外境的存在性是要依賴我們的心識的，如果沒有心識，外境是不可能的。」[2]易言之，唯識學主張萬事萬物都是由心識所產生的境，外境是不可能離開心識而存在，世間萬事萬物的存在都是依賴我們的心識而成立，心識是外境的基礎。

如果以唯識的主張來看，外境必須透過心識的作用才能變現，但是何謂變現呢？既然唯識是唯心論，識本身就處於抽象狀態，這抽象狀態是依賴主體的認知、分別的能力才能充分的表達出來，但是它到底該如何表現出來呢？唯識以變現的方式來論說。而唯識所說的變現，就是說識的內部起了分裂（split），識把自己本身分裂出一個客體之對境的相分來，即變現相分，識自身則以見分的主體或自我去認識這相分。相分是指存在的世界，而見分則是指自我或主體。識本身是抽象的，它必須透過一個對象才能顯現出來，也就是必須有一個客體對象，主體的識才能將自身顯化出來。因此，識分為見分和相分，見分是主體，相分是客體。

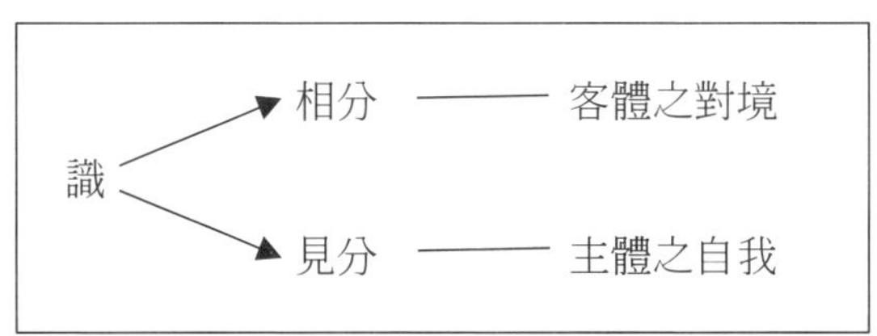

以唯識宗的理論來看，外境必須透過心識的作用才能被變現，這跟西方的量子力學有點類似，因為量子力學的雙狹縫實驗也在說明，當觀察者在觀察光子或原子所落下的位置時，它會呈現規律性而平均地落在實驗的屏障上。但是，如果沒有觀察它，光子或原子

---

2 吳汝鈞：《印度佛學的現代詮釋》，頁 141。

只是機率性的隨機落在屏障上。鑑此，我們知道唯識學是以「緣起」來說萬法，也就是一切以經驗主義來說明現象界的假象性，現象界的萬事萬物都是經由心識所變。所以，唯識學認為現象界的一切都是由主體的心識所生，那麼，這個理論跟西方的量子力學是否可以相對應呢？如果以量子力學的觀察者對應唯識學的主體之自我（見分），量子波則對應唯識學的客體之對境（相分），這樣的對照是不是恰當呢？這點還有待商榷。我把這種量子力學提出來與唯識學做對應比較，是希望能夠與老師和同學共同討論，看看能不能對唯識學產生另外一種研究的思維。

我以量子理論來和唯識學做對應說明，主要是這二者有接近之處，但是整體來說，這二者也有不可通約之處，為什麼呢？因為，從佛學的主要論點來看，佛學講的是性空和緣起，是一種終極實在的概括，它的價值仍在於它的「現象的超越」——空。佛學是對終極真理的體證；而量子學只是對現象的描述，而不是探究存在的本源。量子學是科學，其理論只能說是與唯識學有相像之處，而不能代替唯識學的旨趣。唯識學所主張的境源於心識的作用；量子力學的面貌則是隨「觀察者」而變。量子理論揭示粒子或原子本質上是不確定的，沒有自主性。[3]總地來講，量子力學是科學，唯識學是宗教。

吳汝鈞：這個量子力學理論，基本上是一種科學的理論，科學是講人對於外在世界的一種認知，這種認知是在時間和空間上進行，是

3　量子力學最早是由卡洛·羅威利在 1994 年提出，爾後由許多理論物理學家擴充。這個想法主要受到狹義相對論的激勵，它闡述了觀察到的細節隨不同的參考系統的觀察者而變。

對客觀的對象來了解。科學是經驗科學，如化學、物理學、生物學、醫學等等。它通常是對經驗事物的研究，這種研究必須在時間和空間裡面來進行，如果在時間和空間以外來進行科學研究，它的有效性就會出問題。我們通常說這個世界有它不同的問題，有不同的學問，比如科學、藝術、道德、宗教；科學求真，藝術求美，道德求善，宗教求神聖。這些不同的活動，我們都把它看成是文化活動，就文化的維度來講。妳提出的這個量子力學來對照唯識學的問題來看，很多東西我們肉眼看不到，但是卻可以用儀器觀測來了解它的存在性，所以我們也不能否定它的存在。

妳參考量子力學來講，基本上這都脫離不出科學探究的範圍，而唯識宗不是純粹科學，妳拿量子力學這種科學的研究放到唯識宗裡面來比較和處理，這就涉及了一些問題。科學有牛頓的力學，愛因斯坦有質能等價相對論的研究，還有其它很多科學家提出他們的科學理論，不管他們研究什麼都離不開科學的範圍。所以，妳做這個比較，要不要在這方面做進一步的思考呢？比如妳說這個量子力學裡面的現象，我們眼睛是看不到，可是我們可以通過儀器機器來證明它是有它的存在性。唯識學則不同，它講的心識不是科學的研究對象，它要透過我們的反省思考來確定。

張子妍：好的，謝謝老師。量子力學是科學，而唯識學則是宗教，二者是不同領域。

二、八識論

張子妍：接下來，我要講八識的涵義和理論。唯識宗說眾生皆有八識，即是眼識、耳識、鼻識、舌識、身識、意識、末那識（mano-vijñāna）、阿賴耶識（ālaya-vijñāna）。每一種識都有見、相二分，相分是對象，見分是主體。作為相分的萬物萬象的物質界，都是由自己的心識主體所產生。唯識所說的八識，前五識眼識、耳識、鼻識、舌識、身識叫感識，是由人的感官機能，對外界存在物加以執取和分化而形成的；第六識的意識則是主體的思想、思考以及推理的功能；第七識末那識則是介於意識和下意識之間的一種識，最後一識則是阿賴耶識或藏識。

眼識的對象是色，色指顏色。色空相即的色指現象界的物質，兩者不同。[4]我以白瓶來舉例說明，我們眼睛看著它，它是白色的，並且有形狀。不管它的大小如何，透過眼睛觀看，可產生初步的認識，白色又分為淺白、乳白，各種白。你眼識所看到的白跟我的白不完全是一樣。各人的眼識不同，所見到的白的情狀也不同。因為這個白沒有固定的相，只能透過各人眼識而成的白相。

吳汝鈞：前五識都是感識，變現出相分，而以見分認識相分。有了相分和見分，才有主客的分別。相分是由我們的感識變現出來，成為客觀的對象。每個人有不同的感識，所以每個人變現出來的相分並不相同。基本上八識都是從種子作為潛藏狀態發展出來。每個人的八識種子是不一樣的，所以它顯現出來的對象世界彼此都有分別。總的來說，感識之所以能成為一個識，是從種子成熟發展出來的。我們可以這樣說，每一個人的感識不一樣，因為自身的種子不一樣。唯識學很強調個人的種子內容相互不一樣，變現出來的相分也不一樣。問題是，各人以自己的見分來了解相分，把它視為有自

4　吳汝鈞：《印度佛學的現代詮釋》，頁 144。

性的東西，這就是我們通常稱為執著，是妄執，虛妄的執著。本來沒有的東西，你要執著它，視之為有，這在唯識學來講就是妄執，在這方面我們要了解到，因為每個人的種子不一樣，感識不一樣，他們所顯現出來的相分或表象都不一樣。說到第六識、第七識、第八識，它們各自有自己的種子。前五識感識跟第六識意識、第七識末那識和第八識阿賴耶識，都是以種子做為它的依據，當種種條件都具備了，就會變現為相分和見分，然後以見分去執著相分，把後者執著為一種有自性的東西。我們通常把八識說成為一種妄識，虛妄的心識，這方面我就做這樣的補充。

張子妍：好的。我以白瓶的相做一個舉例，意思是說這個白瓶純粹是由我們個人的主觀意識虛妄構成的，它沒有固定的相，是透過我們個人的眼識所構成的白相。像耳的認識對象是聲音；鼻的認識對象是香；舌的認識對象是味道；身的認識對象是觸覺。色聲香味觸是五識所認識的對象，叫五塵，塵指感官的對象。

第六意識的認識對象是概念、理論或往事，這些都是抽象的東西，不像前五識的對象是具體的，有時空性的；抽象的東西無時空性。簡言之，感識認識對象是具體的，第六識意識則認識概念、抽象的東西。

第七識末那識也叫我識，它的認識的對象是自我。剛剛老師也有提到說，意識、末那識和阿賴耶識都是一種虛妄的我執。末那識是生起自我存在的一種心識，它沒有獨立的存在性。我們也可以這麼說，第七識末那識是第六意識和第八阿賴耶識之間的一個媒介；我們可以說當我們第六識意識產生自我概念的時候，末那識已經在作用了。

第七識是在意識及下意識之間的一種識。末那識譯為意，容易與第六識意識相混，所以才保留末那（mano）的譯音。末那識的主要功用，是執取第八識的見分為自我，所以它的特點是「執我」。因為執我，所以就會有我見、我痴、我慢、我愛這四項煩惱。我見：執著五蘊假合的我為真我，講白一點是以自我為中心，認為自己所想是對，別人都是錯。我痴：因為自己有無明，故不自知我相的真理，一直執著自以為是的觀點。我慢：倨傲，自以為是，聽不進別人的話。我愛：執著自己所愛。

吳汝鈞老師說：「這心識不純是潛意識或下意識，也不純是意識，而是這兩者的中介，即介乎意識與潛意識之間。」它執取阿賴耶識的見分為自我（一說是執著阿賴耶識自身為自我），從而導致我痴、我見、我慢、我愛四種大煩惱。「最嚴重的，是他恆審思量，恆時在周遍計度之中，以阿賴耶識為自我實體，視之為恆常不變的個體生命、靈魂主體，讓它在無了期的生死苦海中流轉、輪迴，沉淪不已。」[5]總的來說，自我的意識必須靠末那識所執的我，才能夠生起。這是我所認知以及所能解釋的狀況，關於這點還是要請老師進一步指導說明。

吳汝鈞：好，我來做一些補充說明。有關第六識意識、第七識末那識和第八識阿賴耶識之間的關係，意識是我們在現實的生活裡面，常常會運用意識來了解外界一些抽象的東西。意識的對象就是抽象的概念，一般人通常以這種思考來講各種不同的東西。然後第八識阿賴耶識，就是所有的種子都存在於阿賴耶識中，阿賴耶識我們叫

5　吳汝鈞：《唯識學與精神分析：以阿賴耶識與潛意識為主》，臺北：臺灣學生書局，頁 271-272。

它為下意識或潛意識，它沒有展現出來，只是在我們生命裡面，在底層的一種心識，它的內容就是種子，沒有其它的內容。意識就是我們通常用來思考事物種種不同的概念的那種心識。阿賴耶識是一種潛意識，它沒有表現出來，不是實現出來的一種作用，因為它是潛在的。末那識則是意識的根基，把意識和潛意識連結起來。

張子妍：所以是隱藏在內心裡面。

吳汝鈞：對，在我們內心裡面潛在的一種心識。

張子妍：我們人感覺不到嗎？

吳汝鈞：它不是外物，也不是意識，它是潛意識。意識和潛意識之間的連繫，在唯識學來講就是第七識我識，這在一般心理學裡面是沒有的。在精神分析這方面，在西方的心理學裡面，沒有很具體提到第七識我識的說法。第七識我識就是，意識和阿賴耶識中間的中介或是媒介，不能把它說是一種意識，它也不是潛意識，它就是意識和潛意識之間的橋樑，是一種媒介。這比較麻煩，比較難了解，通常我們只說意識，用來了解事物的抽象性。妳剛才講到那個末那識或者我識的時候，有一點比較重要的，妳能再講一下嗎？

張子妍：就是說當我們意識產生自我概念的時候，是由第七識末那識產生的。

吳汝鈞：對，就是這句話，這是比較重要的。就是第七識末那識，我們可以把它看成是意識和潛意識兩者之間的媒介。

張子妍：就是說自我的意識必須靠末那識所執的我，才能夠表現出來。

吳汝鈞：就是這樣。當我們的意識有那種活動時，察覺有外界種種的事物，特別是我們主體方面的那種自我，意識有了活動，這個第七識已經在暗中支持它了。我們對抽象的東西，事物普遍的性格，有這麼一種認知的時候，第七識已經在意識背後，形成一種認知，表示第七識已經在意識底層裡面發揮了作用。如果沒有第七識的作用，那個我，意識裡面所涉及到的自我是無法出現的。也就是說，當我們的意識在作用時，特別是有自我的想法時，第七識已經藏在第六識意識的底層，支持後者了。我們的意識在認知活動當中呈現，第七識已經埋藏在意識的底層，使意識構成自我的想法了。如果沒有第七識，意識就不可能有一種自我的想法，更不能說對自我的執著。像剛剛子妍所講的，我見、我痴、我慢、我愛這四種煩惱，都是執著的意思。很明顯，這第七識的作用是在溝通第六識和第八識的媒介、橋樑，這種講法在西方心理學裡面是沒有的，這是佛教特別是唯識宗裡面比較獨特的講法。這是比較麻煩、難懂的地方。通常我們講意識時，都是依據西方心理學來講，意識和潛意識是西方心理學所強調的心識，他們沒有特別講這個意識和潛意識中間的作為媒介的末那識。

張子妍：總的來說，末那識是自我意識的根基，必需靠意識所執的我才能表達出來。沒有第七識末那識的作用，意識裡面所涉及到的自我是無法出現的。

第八識阿賴耶識是所有心識的總持，是一個精神性的倉庫，它的主要作用是儲藏種子，所以又名藏識。阿賴耶識所認識的對象可分為三部分：一、種子（關於種子的意涵在第三節另做詮釋）；

二、根身（指人的軀體）；三、器界（即是物質的世界）。阿賴耶識的認識對象不取正常的意義，因為阿賴耶識是一種下意識。下意識在西方心理學來講，是指意識範圍以外的心理活動。下意識也是一種心理過程，但這些過程是你本身不會感覺到，也不會注意到，所以下意識也是潛意識的意思。總而言之，阿賴耶識所執取的是以我們自己為對象，它在這樣的過程當中，自己感覺不到這個意識的存在，所以需要由種子作為源頭，在種種條件集結下才會成熟而展現出來。

以西方心理學家弗洛伊德（S. Freud）的講法來看，下意識等同潛意識，有時又稱為無意識。關於八識與弗洛伊德的對應意識講法，吳汝鈞在其《唯識學與精神分析：以阿賴耶識與潛意識為主》一書裡面有一段話可以讓我們比較清楚理解，他說：「感識相當於弗洛伊德所說的知覺，第六意識相當於弗氏的意識或自我，第七末那識較難在弗氏的精神分析中找到對應物，它與潛意識或超我很有一段距離，只是有中介、媒介作用，亦即是介於意識與第八阿賴耶識之間，與弗氏的前意識介於意識或自我和潛意識或本我之間，有點相似而已。第八阿賴耶識相當於弗氏的本我，是潛意識。」[6]換言之，阿賴耶識是以自己為對象，而在這個作用的過程中，自己無法以意識來察覺。也就是說眾生是透過八識的交互作用，產生種種善惡行為，而這些行為會留存在阿賴耶識裡，阿賴耶識就像我們心中的一個精神性的倉庫，我們平常透過身、口、意所起的一切善惡行為，皆會以種子的方式，儲存在此阿賴耶識中，等到因緣成熟，善惡種子會相應起現行。

6 吳汝鈞：《唯識學與精神分析：以阿賴耶識與潛意識為主》，頁256。

綜合以上得知，眾生皆有八識，而第八識則是決定眾生生命所有內涵，眾生不管是現在、過去和未來的行為，都會成為種子而潛藏在第八識中。因此，第八識阿賴耶識是概括眾生的整個生命存在。[7]眾生的生命，可以透過八識來了解。由於每個眾生都具有不同的種子，因而有不同的阿賴耶識，有不同的生命存在。

三、種子和轉識成智

張子妍：接下來我再講種子之意涵。何謂種子？我們日常生活中的一切行為以及思想，不會消失，以種子的狀態存留在阿賴耶識裡，等到因緣具足時，就會現行出來，對生命產生影響。老師也說過，「種子代表事物的潛在狀態，當事物形成時，就表示種子由潛在狀態成為現實狀態，或現行的狀態，那是要依一定規則的。」[8]易言之，種子是心識的一種潛在狀態，而識的表現狀態則是現行，例如：我們日常生活中所表現出來的喜、怒、哀、樂、愛、恨、善與惡等等，最後都會形成種子，留在阿賴耶識裡，然後依據規則與時機適時的表現出來。

因此，種子依一定的規則現行，會不停地活動，即使無法成為現行的狀態，也會儲存在阿賴耶識中，等到因緣成熟，就會相應起現行。種子作用的規則分為六項：「第一，剎那滅；第二，恆隨轉；第三，果俱有；第四，待眾緣；第五，引自果；第六，性決定。」[9]這六項即是種子六義。

7　吳汝鈞：《印度佛學的現代詮釋》，頁 148。

8　吳汝鈞：《印度佛學的現代詮釋》，頁 146。

9　同上。

「剎那滅」是指種子不斷在剎那中生生滅滅，不是常住不變，它會不停的生而滅，滅而生，所以種子是無常法，也叫生滅法。「恆隨轉」是指種子才生起即轉，轉成不同的狀態，滅了之後又轉成另一狀態，轉而繼起，復而又起，這是恆隨轉。「果俱有」指作為因的種子與它的果是同時存在的，易言之，種子還未生起果時，果已經俱在了。「待眾緣」是說種子生起結果，依待不同的條件或因緣而成果。也就是說，種子由現起前的潛存狀態，成為實現的狀態。「引自果」則指種子只能生出自類的果，不會生出他類的果。如同芭樂的種子不可能結出蘋果來。「性決定」表示種子的轉生或轉變，其性質上有侷限性，善的因就會結善的果，一切轉變都有規則。[10]所有的種子，不管是過去、現在、未來的，都會儲存在第八識中而不會消失，等待眾緣具足時即會現行出來。

吳汝鈞：我補充一下，「性決定」的意義是說某個東西，如果是善的東西就會結善的果，惡的東西就會結惡的果，這裡面有一種因果的關聯，如果沒有做工夫培養，沒有做人為的努力，這個種子如果是善的就會是善的，惡的就會是惡的。光是說種子自身，這是性決定。另外，「待眾緣」就是某一個潛在的因素，在實現之前要等待條件，等待因緣和合才能實現，比如說玫瑰花需要泥土、水、養分、陽光這些條件，這就是因緣。因表示種子的主要條件，緣指其它助緣，因緣和合，這個果才能出現，這就是「待眾緣」。

張子妍：所以種子六義，不管是過去或是未來的一切行為，都會以種子的形式儲存在第八識中，不會消失，等待眾緣具足時便會現

10　吳汝鈞：《唯識學與精神分析：以阿賴耶識與潛意識為主》，頁 103。

行。

張子妍：以下講轉識成智。「轉識成智」在唯識學稱為「轉依」（pravṛtti-vijñāna）或「轉識」，指眾生存在於流轉的世界中，會不斷輪迴，受到各種苦痛和煩惱所折磨。要擺脫這些苦痛和煩惱，就必須修行，在修行中斷除苦痛煩惱，以證得涅槃。這是唯識學很重要的問題，因為，唯識學主張外境必須透過心識的作用才能變現，也就是說，如果要擺脫各種苦痛煩惱，是可以依賴著轉依的實踐，而得覺悟，達到涅槃的境界。

但是要怎樣才能轉依呢？「轉依就是轉化那些染污的因素成為清淨的因素，將清淨的種子全部現起，那就是唯識所說的覺悟。一言一行都表現為善良的行為，這就是轉依的目標。」[11]人在世界中輪迴流轉，日常生活中總是會有各種感官所顯現出的行為，這些行為可能是舊的種子所顯化的，也可能是新的種子所生，這些行為都會造成苦痛煩惱，也會變成種子儲藏在第八識中，不斷輪迴，不斷顯現，生命痛苦不堪。因此，透過轉依的修行，將人生命中的雜染的因子去除掉，轉化為清淨的種子，而達到涅槃之境界。但如何轉依才能達到轉識成智？吳汝鈞老師說：「轉依是在第八識中進行的，因為第八識藏了我們生命一切的質素，如果要轉依，就要在這根源中做工夫，使那些染污的種子轉為清淨的種子。經此轉化，人的行為因而得到純化。」[12]易言之，要轉識成智就要在日常生活中下工夫，多行善、不執著、要有覺悟的心，在人的生活中，把虛妄的心識轉為清淨的智慧，將污染的種子轉化為清淨善良的種子，這

11　吳汝鈞：《印度佛學的現代詮釋》，頁 152。

12　同上。

就是唯識的轉依實踐。

張子妍：我做一個結論。印度佛教的思想和教義主要是在「空宗」和「有宗」，空宗以般若學和中觀學為主，其教義為性空。有宗則以唯識學為其主要的思想，其教義核心是緣起。我們每一個人都有八識，每個人在日常生活中的行為以及思想，最後都會成為種子，藏在第八識阿賴耶識的倉庫裡，等到因緣具足時就會現行。從唯識學的義理來看，佛教的「空」並不是說所有物質界的現象都要徹底斷滅，佛教的「空」是指出事物並無「本性」，也就是說萬事萬物無「自性」。除了無自性外亦無「常性」，也就是說佛教的「空」是指萬事萬物沒有本原的本質，也沒有規律性和常住性。簡言之，就是一切事物沒有一成不變的。所以事物的本質是「緣起」，是「性空」。

印度佛教和中國佛教都有一個共同的基本理論和教義，即「緣起性空」。緣起性空的主要涵義是指所有萬物的本質都是由不同的內外在條件組合形成的。「空」、「因緣」都是佛學的基本概念，「空」就是事物的本質是「空」，而「因緣」的意思是所有事物無法自身獨立存在，而是依賴內外在的原因和條件所產生，因此才有緣起性空之說。

在現實的生活中，我們承受著太多環境內外來的壓力，這些壓力會讓我們感到煩惱和痛苦，進而產生心理上的問題。但這些造成壓力和困惑的根源，是來自於個人內心的執著。認識唯識學可以讓我們了解到執著的生起和作用，進而經由自身的修習，減少對現象界的執著，達到精神上的解脫和自在。

吳汝鈞：轉識成智是佛教的講法，轉化不好的東西，歸依好的東西。唯識學講八識，這八識中不是每一心識都是一樣的，它有八種。八種心識可以分為四類，前五識是感識，第六識是意識，第七識是末那識，第八識是阿賴耶識。轉識成智就是把這四類識轉為相應的智慧：前五識感識轉為成所作智；第六識意識轉為妙觀察智；第七識末那識轉為平等性智；第八識阿賴耶識轉成大圓鏡智。唯識宗把這四大類心識相對應轉成各種智慧。這裡有一種對應的關係。眼是觀察，看外物的形狀，耳則是聽聲音，鼻是感受香臭味道，舌是感受甜酸味道，鼻和舌好像差不多，但還是不一樣；身識則是觸覺，比如這個桌子我們敲它知道它很硬。這前五識是我們日常碰到的事物有五種不同的感覺，對這些不同的感覺都以為這些對象有它們的自性，所以要轉，轉為成所作智，這是前五種感識所轉成的智。「成所作智」是成就我們在一般生活裡面，所需要展現種種的動作，主要是以這個感識來處理各種事務。這個成所作智是從前五識感識轉化過來的，這些都跟我們平常生活處理各種事務比較有關係。轉成了成所作智後，我們對前五識所感知到的種種事物的對象就不會有執著心。

「妙觀察智」是由第六識意識轉化來的。意識也是有執著的，把它轉成妙觀察智。妙觀察是，我們對所碰到的那些常常在意識裡面出現的和眼前的東西，不予執取。

「平等性智」是由第七識末那識轉化來的。所有的事物都是平等的，這涉及我們剛才所講的，就是從有我執的心識轉為沒有我執的智慧，這種智慧就是空的智慧。把種種事物、對象提升為空，沒有獨立實在的自體、自性。這種平等性智偏向於普遍的智慧，對不同的事物、對象，視為具有平等相同的性格，就是空。妙觀察智是偏重對個別不同事例的處理方式。佛教不是常說真空妙有嗎？妙有是妙觀察智所達致的境界，真空則是平等性智所達致的境界，雙方都超越了執著。

「大圓鏡智」是由第八識阿賴耶識演化而來，把妙觀察智和平等性智綜合起來，好像是一個大圓鏡，透過這個大圓鏡可以了解事物個別的和平等的性格。個別是相互之間不同的性格，平等是觀察到它們普遍都是空的性格。大圓鏡智就是把第六識轉為妙觀察智和第七識轉成的平等性智綜合起來，像一個大圓鏡一樣，可以同時觀照事物各別的性格和平等的性格，這是我們從義理和文獻雙方依《成唯識論》提出來的。由八種心識轉為四種智慧。這大圓鏡智是最高和最廣的智慧，它可以同時觀照到事物個別的性格和普遍的性格，那就是妙有真空的性格。

這四智是唯識學裡面講的大智慧，我們在這裡把焦點放在妙觀察智這方面。剛才有說到妙觀察智就是對種種事物、有特殊性、個別性的事物，都有一種無執著態度的了解，這妙就是無執著的意思。妙觀察智跟平等性智，是並排的，妙觀察智了解事務的特殊性格，平等性智了解它們的平等空性的性格。

妙觀察智就是以智慧來了解事物的方式，它沒有時間性和空間性，這在唯識宗的《成唯識論》裡面並沒有詳細的講演，它是有妙觀察智的概念，但是沒有解析什麼是妙，什麼是觀察，我在這裡便解釋一下。我們常聽說，有人有天眼啊天耳啊，這指一種特別的接觸事物的殊勝功能。我們日常所了解的天眼通天耳通，都是屬於這方面的智慧，這方面的智慧不是每個人都能表現的。當然你可以說每個人都有這種潛在的能力，可以天眼看與天耳聽，這是超越時間空間的認知。

我講一個真實的故事。香港有一座寺廟叫妙法寺，其中有一位大和尚，是寺裡的住持。有一次他帶一位小和尚徒弟去美國紐約辦事，到了紐約機場要出海關時，大和尚走在小和尚的後面。小和尚先到海關檢查，檢查完後出海關回頭看，不見大和尚了。等了很久，一直沒有看到大和尚。就請機場人員幫忙查看，有沒有看到大和尚待在機場裡面。結果都沒有看到大和尚，也沒有他出海關的記錄。小和尚又請紐約警察幫忙在紐約市找，結果都找不到。大家都很驚訝，大和尚為什麼消失了？他到底在什麼地方呢？於是，有人提議去找加拿大溫哥華一個人來幫忙，這個人我也見過好幾次，跟他聊了很多，彼此也很有共識。他就是馮馮居士，很多人都說他有天眼，不需要透過空間就可以看到某一個物體。聯絡上後，馮馮居士就把精神集中做了天眼的觀看，他說有看到大和尚，在紐約的西南方二十公里有一座破廟，這座破廟前坐著一位和尚，這個和尚看起來感覺很累，狀況不是很好，便叫小和尚這些人去看看這個人是不是就是大和尚。結果他們趕快派人去找，真的是大和尚。這事件有一個問題，就是大和尚沒有出海關，為什麼會出現在紐約的西南方二十公里的一座破廟前面呢？

後來因為我要去加拿大多倫多，中間經過溫哥華，我就去找馮馮居士，我很想知道這件事情到底是怎樣的，是不是真實的呢？我想追蹤一下事情，問他到底怎麼看到大和尚呢？馮馮說這個不能說。很多人身體出問題，醫院檢查不出來，都會找這位居士幫忙看。很多人都說他有天眼。後來又有人請居士用天眼看香港妙法寺大和尚的房間是什麼樣子，結果居士每一樣都講得對，包括房間的擺設，還有床的位置，他都講對。

第四章　如來藏思想

王明翠：老師、各位同學好，我今天要報告的主題是「如來藏思想的義理及特色」。印度大乘佛教早期，以中觀和唯識為兩大主流，直至西元三世紀左右，如來藏思想逐漸萌芽。而於西元四、五世紀之際，隨著如來藏系的經典陸續翻譯出來，此一學說也備受重視而日益興盛，不斷於大乘佛教界傳布出來。如來藏思想之精髓，是從眾生自己的心中，點出本有如來藏性或佛性，而得一切眾生都能成佛的結論。此報告將分為幾個部分進行介紹：第一部分討論如來藏的詞義；第二部分介紹如來藏思想的相關經論；第三部分討論如來藏思想的形成；最後討論如來藏思想的特色。

一、如來藏的名稱

如來藏一詞，梵語為 tathāgata-garbha，是「如來」與「藏」二詞所組成的佛教術語。「如來」（tathāgata）一詞意指佛陀乘如實之道而來，斷諸結使，離諸戲論，福德智慧圓滿成就，具足無量功德的究竟者，是世尊成佛後的德行，十種尊號之一，如來亦是諸佛的通號。如來藏的思想，後期演變為「一切眾生皆有佛性」。將「如來」與「藏」二詞連在一起即指如來在胎兒之狀態中的意思，意思是指眾生成就如來的因，或說是眾生（因）位的如來。人證得菩提智，領悟到空的真理，從真理而來的人格就謂之如來。而胎這個藏，本身可產生如來，於是，成就如來的那種胎或藏就稱如來藏。故此如來藏，可說是富藏如來之性格。[1]

吳汝鈞：我在這裡對如來藏（tathāgata-garbha）這個名相做一些文獻學方面的解釋。「tathāgata」本來是兩個字，一個是 tathā，另外一個是 āgata。梵文 tathā 的原來的意思就是「如」，沒有改變，如如這樣呈現出來，然後 āgata 就是「來」。本來這個 gata 是從 gam 的語根而來的，gata 就是 go，「去一個地方」的意思，gata 前面加一個長音的 ā，跟那個 go 成一個相反的意味，就是 āgata。gata 就是 go「去」，āgata 就是「來」。然後兩個字 tathā 跟 āgata 在梵文裡面連起來便成 tathāgata。tathā 後面的長音 ā 跟 āgata 前面的長音 ā 合起來，有一種聯繫的規矩，兩個 ā 就成為一個 ā。前面的 a 跟後面的 a 不管哪一個 a，是長音還是短音，連起來變成長音。兩個字 tathā 的長音 ā 跟 āgata 的長音 ā 連起來都是長音 ā。在梵文文法裡面，兩個短音 a 合起來就是長音 ā，兩個長音 ā 如果合起來也是長音 ā。如果 ā 跟 a，一個是長音，一個是短音，連起來也是長音 ā；倒轉過來如果 a 跟 ā，一個是短音，一個是長音，連起來也是長音 ā，梵文的文法的規矩就是這樣。tathā 跟 āgata 連起來就是 tathāgata。tathā 意思是「如」，āgata 像我們剛才講是「來」，所以 tathā-āgata 合起來意思就是「如來」。「如」的英文是 such 或者 suchness，然後這個 āgata 就是「來」。所以兩個字合起來就是「如來」。如果用比較淺白的方式來講就是「coming from suchness」，從這裡而來，就是如來。Suchness 是真理，這個東西是從真理而

1 吳汝鈞：《印度佛學的現代詮釋》，臺北：文津出版社，頁 173-175。

來，也就是 tathāgata，這樣就比較清楚了。此中，要特別提一下，不管前後兩個字也是 a，一個是長音，一個是短音，或者一個是短音另外一個是長音，合起來都是長音 ā。

再來 garbha 就是一個寶藏。garbha 我們一般來講就是一個大寶藏，這個大寶藏是從 tathāgata 而來，或者說從真理而來的寶藏。這個中文的稱法也是跟梵文對應的。tathāgata 和 garbha 合起來是「tathāgata-garbha」，意思是這個寶藏是從終極真理而來，這樣就成為「如來藏」這個漢譯的譯法。garbha 是一個寶藏，所以「tathāgata-garbha」三個字連成一體就是如來藏。garbha 是一個寶藏，這個語詞的意思就是這寶藏是從真理而來，或者說從真理而來的那個寶藏，就是如來藏。最後看，梵文 garbha，原來意思就是寶藏，可是用到這個如來藏思想裡面，這 garbha 就解為一個主體性。所以整個字源合起來，翻成中文就是從真理而來的主體性。這樣就很清楚了。

周博裕：請問儒家、道家有「藏」這樣的東西嗎？

吳汝鈞：佛教有大藏經，道教也有道藏，儒家就沒有。多年前大陸的湯一介曾有意弄一套儒藏，但一直沒看到結果。

周博裕：四端算不算？

吳汝鈞：四端是一種道德的行為，是四個道德的端倪。但沒有把四端解釋成為一個寶藏的說法。

我在這裡先做一些扼要的說明。如來藏思想的特色在哪一方面呢？為什麼如來藏思想在佛教裡面，特別是在中國佛教占那麼重要的地位，這點我們還是要從印度佛學方面來講。印度佛學若從論方面來講，基本上可以分成兩個大學派，一個是中觀學，一個是唯識學。這是印度佛學兩個最重要的系統。我們了解印度佛學，通常要講緣起性空。這方面的思想，可以把緣起跟性空做一種區分，因為其重點不是完全一樣，還是各有分別。中觀學強調「性空」，就是我們在經驗裡面所碰到的種種事物，都沒有一種實在性或者說沒有一種既定的規律。性空就是它們沒有這種存在性，或者說這種存在性就是空的。空就是沒有自性或者存在性，它的自性或存在性都是空的。

接下來要講唯識學，其重點放在「緣起」這方面。就是說一切事物的生起都是依靠種種的緣來成就。種種的事物，它們都是緣起，它們的存在性都是依因待緣而起。因跟緣作為基本的條件，合起來就會成為一種因緣。如果把這些條件、這些因緣合起來，形成某一種事物，這些事物，當然也是性空。可是唯識比較強調緣起這方面。就是說所有的事物都是依因待緣而起，沒有獨立的自性，是性空的。唯識學或者說所謂的有宗跟中觀學所講的空宗，強調一切法都是空的，聯合起來，就成為佛教裡面最重要的面相。所有事物都是依因待緣而起，所以它們沒有自性，就是性空，這是中觀學所強調的。那依因待緣就是緣起，這是唯識學或說有宗所強調的。既然一切事物都是依因待緣而起，它們的根源都不是從它們內部生出來，所以沒有獨立的實在性或者自性。萬事萬物作為一種現象，它們的生起、成立是依因待緣。唯識學或有宗所強調的就是這一面。中觀學或空宗強調性空，即是說他們的重點不是放在緣起，而是放在性空。這兩個大學派的教理，都符合釋迦牟尼講的本質，或者說佛教的真理，不過兩邊所強調的要點不一樣，有宗強調緣起，空宗強調性空。不管你說緣起也好，性空也好，他們都是講事物的基本的性格，就是內外在的世界或者存在的世界都是緣起性空。所以不管是緣起也好，性空也好，他們所強調的都是有關於內外在的世界的性格。空宗、有宗對整個宇宙的看法，都偏重於對象這方面，不是緣起就是性空。有宗講緣起，空宗講性空。其實緣起跟性空所講的是同一樣的事物，內涵是一樣的，只是他們所強調的方面不一樣。既然是緣起，它必然是性空，或者說要成就這種本質上是空的性格，你就要講緣起。不管是有宗也好，空宗也好，或者是緣起也好，性空也好，它們的內涵都是相通的。有宗的重點放在萬事萬物的發生這方面，所以講緣起。空宗強調事物空的本性，可是空的本性是通過緣起來講。如果不是緣起的話，就不能講性空。核心的意思都是一樣。

宋松山：緣起跟性空是同一個東西嗎？

吳汝鈞：緣起跟性空是不同的面相。緣起跟性空是互相包含的，也可以說：所有事物是緣起，所以它們是性空。這個命題是一個分析命題。就是說性空的內涵包含在緣起裡面，所有事物是緣起，所以它一定是性空的。沒有一種事物是緣起而不是性空。反過來就是性空，性空的本質建立在緣起的義理上。性空一定是從緣起引過來。唯識宗或有宗強調緣起，空宗或中觀學強調性空。我們對有宗、空宗的把握都是有關對象世界或經驗世界、現實世界的描述。緣起也好，性空也好，都是關於現象世界、對象世界的性格的說法。對於我們的主體性、我們主觀的心靈的存在性，他們不是沒有這方面的想法，只是重點不是在這裡。所以我們可以從這點讓印度佛學通到中國佛學方面。中國佛學跟印度佛學是佛學裡面兩種非常重要的學問，兩者所處理的問題面相是同一的，都是有關存在世界的性格。

可是印度佛學對於我們的主體性，或者我們主體的心靈這方面，強調的不夠，因為這方面不是他們學問的特點，他們的重點是放在對象方面，不是在主體方面。印度佛學比較強調對象方面，中國佛學當然還是把佛教了解為緣起性空，可是中國佛學把重點放在主體性或實踐方面的主體。這樣就形成中國佛學跟印度佛學不同的地方。這個情況是比較微妙的。佛教在中國發展為三個大學派：天台、華嚴和禪宗。不管是哪一學派，他們所關心的重點在主體性，實踐性格的主體。中國佛學包括天台、華嚴、禪宗都有一個共同的特色，就是強調主體性，強調一種實踐的機能，而這種實踐的機能，他們叫為佛性（buddhatā, buddhatva）。所以可以理解牟宗三的著作《佛性與般若》為什麼強調這個佛性；般若（prajñā）其實也是一種主體性的意味。牟宗三寫這本《佛性與般若》主要的觀念就在佛性這方面，他對佛教在義理上，了解得很好、處理得很好。這佛性，重點是在中國佛學，不是在印度佛學。講到般若智慧或者說我們求覺悟、得解脫這種宗教機能，是放到佛性或者那個自覺的主體性方面。這裡我們可以看到印度佛學強調事物、對象，而中國佛學是把重心從對象轉移到我們主體的實踐，得到覺悟、解脫的這種主體的實踐能力，就是佛性。

我們在這裡可以看到印度佛學跟中國佛學基本的重點不完全一樣，可是合起來都是釋迦牟尼所講的諸行無常、諸法無我、涅槃寂靜，也可以說他們發揮了釋迦牟尼基本的佛教思想，不過重點不一樣，印度佛學強調對象，中國佛學強調主體。繼續講下去就是有關佛性這方面的發展。這種觀念怎麼樣讓它啟動，就是佛性或者主體的開展。這方面在印度佛學強調得不夠，因為他們的重點是放在對象這方面。不管緣起也好性空也好，重點都是放在對象方面。中國佛教基本上是維持整個佛教根本的思想，可是他們的重點放在佛性、主體這方面，而不是對象這方面。當然他們對緣起性空還是相當重視的，他們沒有離開佛陀的思想，可是他們的重點是放在主體性，從種種煩惱、執著解放開來，展示主體性或者佛性這方面的功能。這點是挺重要的。當然佛教在發展上有印度佛教、中國佛教，也有西藏佛教，也有日本佛教、韓國佛教等，這都是重點不一樣，可基本的思想架構都是一樣的。我們先做這種了解。

周博裕：這跟京都學派是有關的嗎？

吳汝鈞：這點不用關聯到京都學派這方面。京都學派是很晚才發展出來的。它在思想上的架構，當然是順著佛教緣起性空、佛性這幾個重點發展的，可是他們講的那套絕對無的哲學是超越了佛教，不管是大乘佛教還是小乘佛教，不管是印度佛教還是中國佛教，他們超越了這個範圍，又吸收西方的幾個重要的思想系統而建構出來。

周博裕：那京都學派的地位比天台、華嚴還高嗎？

吳汝鈞：天台、華嚴佛教發展的歷程基本上還是在佛教範圍裡面，不牽涉到西方哲學：黑格爾、康德、亞里斯多德、柏拉圖等，後者的哲學思維，我們可以在京都學派裡面看到。他們有吸收西方的這些重要的系統而發展出來。所以如果要講京都學派的話，我們也不一定要提到天台、華嚴，反而要強調黑格爾、德國神秘主義、西方的宗教思想，特別是德國的神學這些方面。他們所涉及的範圍非常廣。要講他們的系統的成立，是要通過一個非常大的思想範圍來講，才能成就出絕對無的哲學。我們對絕對無的了解，如果關聯到中國佛學，我想其重點是放在禪宗達摩、惠能禪師所講的那套「教外別傳，不立文字，直指人心，見性成佛」的實踐方面。京都學派是一個比較複雜的哲學系統，他們所牽連的範圍比印度佛學、中國佛學還要廣泛得多。

京都學派跟佛學當然有關係，那套絕對無的學問，當然有印度佛教、中國佛教基本的思想在裡面，可是他們超出了印度佛教、中國佛教，跟西方一些重要的思想形成密切的關聯。這些思想在京都學派那套學問中當然很重視康德、黑格爾這方面的思想，這是古典的。近現代的有海德格、胡塞爾、懷德海、柏格森等。他們都吸收進來，所以他們整個系統所涉及的範圍是非常廣的，有古有今，有東方有西方。可以說它是另外一套學問，因為他們思想的關聯性非常寬廣。

我們在這裡暫時不談京都學派，先把重點放在如來藏思想。如來藏或佛性都是印度佛教裡面的重要觀念，當然也是中國佛學裡面非常重要的觀念。佛性就是從如來藏思想發展出來，在印度佛學早期就講如來藏，後來就講佛性，其實都是同一的主體性，同一的覺悟、解脫的主體性。

王明翠：好，我們先回顧一下如來藏這一語詞。前面已分析過「如來藏」（tathāgata-garbha）的詞義，將「如來」與「藏」二詞連在一起即指如來在胎兒之狀態中的意思，指眾生成就如來之因，或說是眾生因位的如來。人證得菩提智，領悟到空的真理，從真理而來的人格就謂之如來。而胎這個藏，本身可產生如來，於是，成就如來的那種胎或寶藏就稱如來藏。如來藏因有胎生的意味，在一般的解說或譬喻中，也使用與血統有關的「種性」概念如「佛種性」、「佛性」，來表示一切眾生皆具有與佛相等的本性。因此，如來藏的意思，後期演變成為「一切眾生皆有佛性」的觀點。

吳汝鈞：這裡提到如來藏一方面是有胎生意味的如來藏，另外也涉及後期演變為「一切眾生皆有佛性」這觀點。我們先了解一下中國佛教裡面的竺道生。竺道生是晉代的人物。在佛教裡面，凡是用「竺」這個字眼都是表示他是出家人，我們講到「天竺」，天竺指的是印度。竺道生有這個「竺」，就表示他是出家人，不然就不能用這個字眼作為姓。像釋迦牟尼，他的釋迦就表示出家人的意味，一切眾生皆有佛性，或者說一切眾生皆有如來藏。這佛性跟如來藏都是指同一個東西，不過早期是講如來藏，晚期就把它講成為佛性。竺道生是一個非常聰明的和尚，以他的智慧，以他的觀察跟實踐的體驗，就認為一切眾生皆有佛性。竺道生很強調一切眾生皆有佛性，佛性作為一種潛能，一切眾生都有，不過它是一種潛伏的狀態，沒有展示出來。佛性作為一種求覺悟得解脫的一種根本的智慧，不是只限於某一群的眾生，而是一切眾生，不管你是哪一個界別的眾生，如六道眾生包括天、人、阿修羅、畜生、餓鬼、地獄。關於一切眾生皆有佛性，這個觀點的說法出於《涅槃經》，這種講法在竺道生年代，沒有流行。當時因為《涅槃經》還沒有完整的翻譯出來，大家都不太相信一切眾生皆有佛性這個講法，認為竺道生提這種說法是胡說八道，所以把他驅逐出僧團。那個年代了解佛教都有一個規矩，講佛教思想一定要有經論的根據，那時《涅槃經》的梵文本還沒有完全翻譯出來，但裡面確有一切眾生皆有佛性這個說法。竺道生就憑他的了解提出這種一切眾生皆有佛性的觀點。後來《涅槃經》完整的翻譯出來後，果然有這個依據，有這種說法，所以竺道生就平反了，恢復他出家人的身分。這是歷史上比較有名的講法，在正史裡面應該有提到。像大陸的湯用彤便寫了一本《漢魏兩晉南北朝佛教史》，寫得非常好，在我的印象中這本書也有提到竺道生的這一事件。

王明翠：接下來我們可以透過一些比較簡單、通俗的譬喻來說明如來藏。例如《大方等如來藏經》中所提出的九種譬喻，具體的是從萎花（凋謝的蓮花）有化佛、蜂群繞蜜、糠檜粳糧、不淨處真金、貧家寶藏、果種、弊物裹金像、貧女懷輪王、鑄模內金像等九種譬喻來解釋如來藏說。

《大方等如來藏經》中的九種譬喻，第一個譬喻是萎花中的化佛：如佛所化無數蓮花忽然萎變，在蓮花內有無量化佛，相好莊嚴結加趺坐，放大光明，天人用天眼觀看萎花，見諸花內有如來身結加趺坐，除去萎花便顯出光芒燦然的化佛。這裡化佛是被隱藏著，代表在煩惱中的如來藏；包裹化佛的萎花，代表貪心煩惱；當佛陀以佛眼見到眾生心中都有如來藏以後，欲為眾生說法，除滅煩惱顯現佛性。[2]

第二個譬喻是蜂群中的蜜：「譬如淳蜜在巖樹中，無數群蜂圍繞守護。時有一人巧智方便，先除彼蜂乃取其蜜，隨意食用惠及遠近。」[3]有人看見在蜜蜂集聚的中央，有一塊甘美的蜂蜜，便巧設方便驅散蜜蜂，取出蜂蜜。被蜜蜂團團包裹的蜜，代表如來藏；外面的群蜂，表示各種煩惱；佛陀見眾生都有如蜜一般的如來藏，就為眾生隨應說法，滅除煩惱，現前證悟。可見，現在我們因被太多

2　東晉・佛陀跋陀羅譯：《大方等如來藏經》，《大正藏》第 16 冊，No. 666，頁 457。

3　同上。

障礙遮蔽，不能看見佛法，但我們都有佛性，這是決定的。

第三個譬喻是糠糩中（穀類廢棄不可食的部分）的粳糧（果實）：譬如粳糧未離皮糩，是不能食用的，若想食用，一定要用方法剝掉皮糩，才能享用果實。這裡被糠糩包裹的粳糧，代表如來藏；糠糩代表一切煩惱；佛陀見眾生都有如粳糧一般的如來藏，就為眾生驅開如糠糩一般的種種煩惱，讓真實的如來藏顯露出來。[4]

第四個譬喻是不淨處中的純金：譬如金子丟在不淨之處，歷經多年無人知曉，天人以天眼發現了這個金子，便告訴大家，讓他們把金子挖出來享用。在不淨處的金子，代表如來藏；而這個不淨之處，意指我們的煩惱；如來藏像純金沉在骯髒處一樣，本來就存在著，只有去除煩惱糞穢，才能展現它的本來面目。

第五個譬喻是貧家寶藏喻：「譬如貧家有珍寶藏，寶不能言：『我在於此。』既不自知又無語者，不能開發此珍寶藏，一切眾生亦復如是。」[5]貧家代表我們各種無明習氣；貧家地下的寶藏正是如來藏；雖然眾生皆具有與佛相等的如來藏，就像貧家地底下的寶藏一樣，但眾生並不知曉，只有破除這些無明習氣後，才能把這如來藏開顯出來。

第六個譬喻是果中的種芽：種芽本有生長成大樹的潛能，當我們把它埋進地裡後，借助於灌溉、陽光等因緣，它會破殼而出，生芽、紮根、成長為大樹。種芽代表眾生的如來藏；它的殼，則代表貪嗔癡等煩惱；如種芽一般的如來藏，當因緣成熟時，最終就會成就佛果。

4　《大正藏》第 16 冊，No.666，頁 458。

5　同上。

第七個譬喻是弊物裹金像喻：被破衣包裹的珍寶金像，雖然放在路的中央，但無人知曉。在天人的指導下，大家知道以後，撕去破衣，取出金像。這裡金像代表如來藏，破衣代表煩惱；就像天人為人指示金像一樣，佛陀為一切眾生說法，解脫生死大事。

第八個譬喻是貧女懷中的轉輪聖王喻：譬如女人貧賤醜陋，眾人所惡而懷上了轉輪聖王。貧女腹中雖然懷著貴子，但她自己並不知道。腹中的轉輪聖王代表如來藏；貧女代表煩惱；眾生因為都在生死中沉淪，不知心中本具足如來藏，依靠這個如來藏，將來必能成佛。

第九個譬喻是鑄模內的金像：「譬如鑄師鑄真金像，既鑄成已倒置於地，外雖焦黑內像不變，開摸出像金色晃曜。」[6]如用鑄模鑄造金像，金像代表如來藏，其性本來無垢清淨；鑄模意指煩惱客塵；佛陀善巧說法教化眾生，引入正道，就像剝去鑄模一樣，斷除煩惱客塵，讓眾生成就佛道。

以上是《大方等如來藏經》中以這些通俗易解的譬喻來說明一切眾生皆有如來藏，為如來藏思想奠下了基礎。另外，《大寶積經》也有對如來藏做的描述，如經中所說：「如來藏者，是法界藏，是法身藏，出世間藏，性清淨藏」[7]。這裡牽涉到幾個重要名相：第一是法界，第二是法身，第三是出世間，最後是性清淨。

法界是什麼意思呢？

法是梵文 dharma 的漢譯。dharma 的原意是「護持人間行為的規範」。其後發展成為真理之意，所謂「佛法」，即佛教的義理、

6　《大正藏》第 16 冊，頁 459。

7　《大正藏》第 11 冊，頁 677。

真理。這是它的基本意思。在應用方面，法的意思非常廣泛，它也可以指一般的規則、法則或品德、品格 [8]。根據吳老師《佛教思想大辭典》中對法界的解釋：「法界（dharma-dhātu），法界的『法』，其意為護持，故法之意為對人間行為的護持。『界』則是梵語動詞語根 dhā 演化而成的名詞，要素之意。在佛教，法是諸法，界是分界，即諸法各有自體，分界不同之意。這本是就現象一面而總舉諸法。不過，在另一方面，界也有『性』之意，法界即是法性，這是涉及本體方面的真如了。故此一概念通于現象與實相兩方面。在大乘佛教，這概念更有宗教上的本源之意，直指法的根源。大乘佛教以這個宇宙全體都是法，都是真理、真如的顯現。這仍不離現象與實相相通之意。[9]」法界是世間在佛眼或覺悟者的眼中所看到的情狀。凡人所看到的只是這個現實的世界，聖者或覺悟者所看到的世界，就是法界。他們看到這個世界的真相，或真實的性格。可以說，法界就是真理的世界。藏是法界所儲的地方，說如來藏也是法界藏，意思是指，它是法界的一個儲藏的地方或法界所自來的地方，因為如來藏顯發出來時，人就可徹底地了解佛教的真理及宇宙人生的真理，人能看到的世界就是在真理的層面所呈現的世界，這就謂之法界。

吳汝鈞：關於法界的說法，如上面參考我的這本《佛教思想大辭典》，裡面都有關於法界、法界緣起等等觀念的說明。法界是華嚴宗非常重要的觀念，它講的緣起是從法界這觀念發展出來的，不是唯識宗所講的一般的緣起的那種講法。華嚴宗吸收唯識學的思想，

8　吳汝鈞：《佛教思想大辭典》，臺北：臺灣商務印書館，頁 312。

9　吳汝鈞：《佛教思想大辭典》，頁 314。

後來發展出法界這個觀念，把它發展成為一種所謂法界緣起的一種說法。所謂法界，如果我們用一種比較簡化的方式來講，就是一種無所不包的精神的世界。

王明翠：接下來要解釋法身的意思。法身（dharma-kāya）就是覺悟的人的精神性的身體。身體可分為兩種：色身與法身。一般人只有色身，沒有法身。可是一個已經覺悟了的人物，除了色身，也有法身。法身是精神的身體，色身則是物理的身體。因為法身是一種成就覺悟的身體，所以我們可把它看作為一種超越的主體性，這種主體性是已證得真理的主體性。法身與如來藏的關係非常密切，兩者都是指同一樣東西，如果我們把它放在隱伏的狀態，這就是如來藏。隱伏的狀態是指未有什麼具體的表現，只有潛勢在其中。如果它顯現出來，就表示覺悟、開花結果，此時如來藏就是法身。

吳汝鈞：這裡可以補充一下。這個法身的觀念，如果用現代語文來講，法身就是一種精神性的主體。這種精神性的主體展示出來的時候就成為法身。這個身不是我們的身體，我們的身體是有限的，到某個階段就會腐壞，可是法身是一種精神性的主體，是從經驗世界、有限的世界提升上來、超脫出來，成為一種無限的主體。法身跟如來藏是相通的。如來藏就是法身的基礎。法身原來的狀態，還沒有展示出來的狀態，我們叫它如來藏，或者叫它如來藏自性清淨心。如來藏跟法身是指同一個東西，只是處於不同的階段而已。顯現出來，得到覺悟解脫的時候，那個精神或心靈就稱為法身。

王明翠：關於出世間的概念，出世間指超越相對性的境界。那是終極的境界、絕對的境界。我們身處的境界有相對的性格，受時間與空間的限制。出世間是超越的，超越世間的種種相對性，超越時間性及空間性的限制，具有超越的、絕對的性格。說如來藏是出世間藏，是就超越的、絕對的真理來說的。

吳汝鈞：這裡我也可以補充一下。所謂世間，佛教裡面有幾個概念，一個是世間，一個是出世間，另外一個是世出世間，有三種狀況。世間指我們所居住於其中的經驗世界。經驗世界有種種的相對性，不是超越的，不是絕對的。出世間則是超越的境界。我們通常有講到地氣，地氣是大地的、世間的。在哲學方面，地氣就是指經驗世界，出世間就是超過這個地氣，達到一種絕對的、超越的境界。把世間跟出世間包裹起來，展示出一方面是世間，一方面是出世間這種辯證的境界，就是世出世間。所以世出世間綜合了世間跟出世間而形成第三個階段。即是說，世出世間有地氣，也有超地氣，兩方面都包裹起來而達到總和的，就是世出世間。

王明翠：我們剛剛提到出世間的性格，它與真理的超離性有直接的關連，這是就真理的離世獨立而言的。它是本性清淨，遠離濁世的染污塵垢。由清淨而說這清淨藏，就是清潔明亮的寶藏。經典中便有「如來藏者，是法界藏，是法身藏，出世間藏，性清淨藏」的文字。將如來藏說成法界、法身的，都牽涉最高的實在。法界是客觀方面的最高實在，法身則是主觀方面的最高實在，它是實在而不是實體。實在跟實體具有不同的意思。實體是實體主義的性格，實在則可以是非實體主義的性格。

總之，從如來藏一詞的含義，可推知如來藏思想所欲彰顯的是成佛的潛能。凡夫雖被無明煩惱所覆染，卻蘊藏與如來相同的因性、種性，或是成佛的可能性。現實生命雖然染污，但如來藏本身則是清淨的、超越的；且它不是外在的因素，而是內在本然具足的因素，所以如來藏又稱為「自性清淨心」。換句話說，如來藏是一種潛能，它內在於我們眾生生命之中，眾生雖然目前未能成佛，可是成佛之因已然具備，將來必可成就如來的人格。此外，如來藏基本上是一種主體性的能力，它與佛性一樣，是從超越性格方面說的。主體有經驗的主體和超越的主體，經驗的主體指心理狀態的主體（如喜怒哀樂愛惡欲等心理的感覺），它是有相對性格的，受時間及空間的限制。超越的主體則超越一切時空的限制，超越一切相對性，具有絕對的意義。再者，如來藏作為主體，它處於最根本的層次，是最後的實在，它並不是一個實體。作為一個實在，它是心的能力，是心能，它會活動，不是處於靜止的狀態中。所以如來藏與婆羅門教中所提出的梵（Brahman）或我（ātman）兩者有著根本的不同，不能混為一談的。這一點我們在下一節會更具體說明。

吳汝鈞：說到 Brahman 和 ātman 這兩個語詞，Brahman 就是梵大或者是大梵，通常我們都用大寫，它就是印度教裡面所講的終極真理，就是大我。ātman 就是自我。在印度哲學裡面，這個 ātman 是從 Brahman 發展出來的。印度哲學裡面講到宇宙、全世界的終極根源，就是梵、大梵。相當於中國的道，天道、天理、良知這些。

像甘地，我們通常叫他聖雄 Mahā-ātman（Mahātman），表示對他的尊稱。從文字學來了解，Mahā 是大，雄就是英雄、自我 ātman。兩個字合起來就是 Mahā-ātman，意思是偉大的自我。通常我們講到甘地，不會叫他甘地，而叫他聖雄 Mahā-ātman。

廖冠威：這個 ātman 是所有的人和事物嗎？

吳汝鈞：ātman 就是自我，只限於有情眾生。一張桌子我們不叫 ātman。

二、如來藏有關經論

王明翠：有關如來藏學的經典，主要的有：

1.《如來興顯經》，西晉竺法護譯。

2.《大方等如來藏經》，東晉・佛陀跋陀羅譯（異譯本：《大方廣如來藏經》，唐・不空譯）。

3.《大般泥洹經》六卷，東晉・法顯譯（另有譯本為：《大般涅槃經》四十卷，北涼・曇無讖譯；《大般涅槃經》三十六卷，宋・慧嚴等譯；《大般涅槃經後分》，唐・若那跋陀羅譯）。

4.《大寶積經》〈勝鬘夫人會〉，唐・菩提留支譯（異譯本：《勝鬘師子吼一乘大方便方廣經》（簡稱《勝鬘經》），求那跋陀羅譯）。

5.《楞伽阿跋多羅寶經》（以下簡稱《楞伽經》），求那跋陀羅譯（異譯本：《入楞伽經》，元魏・菩提留支譯；《大乘入楞伽經》，唐・實叉難陀譯）。

6.《不增不減經》，菩提留支譯。

7.《無上依經》，梁・真諦譯。

8.《大乘密嚴經》，唐・地婆訶羅譯（異譯本：《大乘密嚴經》，不空譯）。[10]

10　其他計有(1)《入法界體性經》，隋・闍那崛多譯；(2)《如來莊嚴智慧光明入一切佛境界經》，元魏・天竺三藏曇摩流支譯（異譯本：《度一切諸佛境界智嚴經》，僧伽婆羅等譯）；(3)《佛說大乘入諸佛境界智光明莊

9.《大方等無想經》，曇無讖譯（即《大雲經》）。

10.《央掘魔羅經》，求那跋陀羅譯。

11.《大方等大集經》（又稱大集經）〈瓔珞品〉、〈陀羅尼自在王品〉，北涼・曇無讖譯。

12.《大法鼓經》，劉宋・求那跋陀羅譯。

關於如來藏說的論典，有以下幾部較為人知：

1.《究竟一乘寶性論》，（堅慧作）元魏・勒那摩提譯。

2.《佛性論》，（傳世親作）真諦譯。

3.《大乘起信論》（傳馬鳴作）真諦譯（異譯本：《大乘起信論》，唐・實叉難陀譯）。

西元三世紀間，如來藏思想於印度興起，而於西元四五世紀間，成為一種非常流行的思想。一些重要的經論相繼出世。而最早出現的如來藏思想的經典，可說是《大方等如來藏經》。這是參考日本高崎直道所著的《如來藏思想》所提出的觀點。

吳汝鈞：這位高崎直道是日本研究如來藏思想最重要的學者。他一生只研究如來藏思想，他的研究，不管從文獻學方面來講，或是從義理方面來講，都做得非常好。

王明翠：如來藏思想在印度發展得不算蓬勃，但傳入中國後，發展卻很興旺。在中國很早時期已被注意，而逐漸譯出的經典甚多。雖然沒有知名的論師作專門的宏揚，也沒有明顯的師門相承，但在漢譯的佛典中，至少就有十幾部經論，是以如來藏思想作為宗旨的。

嚴經》，趙宋・法護等譯；(4)《大薩遮尼乾子所說經》，元魏・菩提留支譯；(5)《大乘法界無差別論》，唐・提雲般若譯。

關於如來藏系經論的漢譯本，最早譯出者，據學者的推論，應為竺法護（Dharmarakṣa）於晉太康八年（西元二八七年）翻譯的《如來興顯經》[11]。諸如以上記載，如來藏系的經論可謂不少。又如《法華經》、《華嚴經》〈性起品〉、〈入法界品〉、《金光明經》等，其中部分內容都與如來藏思想相關聯。

不過佛教研究界對於如來藏的經典記載亦有不同的看法。例如，日本高崎直道認為如來藏系經典之發展，始自《如來藏經》的如來藏說，後來由《不增不減經》、《勝鬘經》所繼承。加上《寶性論》對於《不增不減經》和《勝鬘經》，認為是形成如來藏說之理論的精要，因此，高崎直道將此二經與《如來藏經》一併，成為「如來藏系經論之三部經」[12]。此外，《大乘起信論》與《楞嚴經》雖然也是表現如來藏思想的經論，但亦有人懷疑這兩部經是出自中國論師的「偽書」。印順法師就因《起信論》與《楞嚴經》有「疑偽」的傳說，因此在討論如來藏相關的經論，不把這兩部經綸加入論列[13]。對於《大乘起信論》的真偽，吳汝鈞則認為偽書不一定沒有價值。所謂偽書是指書的作者有問題而已，並不表示該書的內容無價值。這部《大乘起信論》在佛教傳統中傳為馬鳴所作，但很多人認為這並非馬鳴作，只是託馬鳴之名而已。就思想的成熟程度來說，這部論典是非常有價值的，它的思想成熟程度要比唯識、中觀還要高。這部論典的思想內容則非常複雜及豐富，也是值得參

11　杜正民，〈如來藏學研究小史——如來藏學書目簡介與導讀（上）〉，《佛教圖書館館訊》第 10/11 期，1997 年 9 月，頁 32-52。

12　高崎直道著，李世傑譯：《如來藏思想》，臺北：華宇出版社，頁 39。

13　釋印順：《如來藏之研究》，CBETA 電子佛典集成，中華電子佛典學會，頁 8-12。

考的一部論著。

吳汝鈞：這裡提到《不增不減經》，所謂不增不減到底是什麼意義？我這裡舉個例子，在禪宗中有一種說法，到底有沒有歷史的根據也很難講，不過在禪宗，就惠能的禪法來講，就有這個記載。我先講這個故事。六祖惠能有一天說法，當說法開始的時候，六祖豎起大拇指的手勢，然後問聽眾這是什麼東西。有一個人很快就回答：這是大拇指。可是六祖搖頭不認同。另外一個人就出來說：這是空。六祖還是搖搖頭不認可。隔了一會兒，有人就出來講：這個就是這個。這時候六祖就點頭，認同他的講法。它裡面到底傳達什麼訊息？為什麼說這是大拇指，六祖說不對，說這是空，六祖也說不對，然後說這個是這個，六祖就說對了？

張子妍：知者不言、言者不知。

吳汝鈞：妳這個意思就是說言語不能夠傳達最高的真理。知者不言、言者不知，就表示言語文字對真理的體證，是用不講話的方式來說真正的認知。這樣說就有一點關係，但不是很直截。

王明翠：這可能涉及到得失心或分別心。人有了分別心就有執著、煩惱，事事都以「我」為主，所以我們要放下我執，斷除我們心中的分別。

宋松山：這個有點像以指指月，不是看手指，而主要是看月亮。它背面就是說，你要對宗教教義有所理解，這才是它真正要表達的。當你對教義已經理解了，那宗教的教義理論也可以把它丟掉。

吳汝鈞：以指指月，就是指這種動作並不表示對月亮有直接的關聯。通過手指來表達月亮，那還是一種動作。你所講的好像也有相通的地方。但也不是很直截了當。

周博裕：空就是空。

吳汝鈞：不一定要提出這個空。反正六祖顯示這個動作，然後問這是什麼。一個人很快回答這是大拇指，意思就是他通過大拇指這麼一種名相表示六祖這個動作，這種行為。不管說這是大拇指，這是空，都是要通過言語來展示出來。所有的言語都有它的根源。它的根源在哪裡？就是分別心。不管你說大拇指也好、空也好，還是有那種分別的意思在裡面，所以六祖認為你說是大拇指或者你說是空，雖然這個空是比較高的層次，可是你強調這個是空，那就表示透過這個空的概念來了解六祖的動作，這裡面就有分別心。不管你說這是大拇指，這是空，都是牽涉到一個所謂分別的意思，你的認識還是從一種所謂分別的意思發展出來的，這種提法還是離不開分別心，還是有執，不是無執。我為什麼舉這個例子來講呢？如報告中提出不增不減，所謂不增不減就是如其所如，這個就是這個，沒有增加也沒有減少，如其所如，這是禪最高的境界，沒有分別心。這個例子可以幫助我們對不增不減的了解。

　　我舉另外一個例子，例如中國的山水畫。張大千、齊白石、黃賓虹、傅抱石等都是當代最出色的畫家。我們通常說山水畫的山石的肌理要通過什麼方式來表達。是用筆來做皴，然後構成山或者石頭等等。皴是中國山水畫裡面非常重要的一個做法。這個皴怎麼做呢？要通過一些分別的手法來做這種皴。在中國畫裡面有很多不同的皴法，一種是披麻皴，一種是折帶皴，一種是米點皴，還有亂柴皴，也有一種所謂斧劈皴等等。披麻皴又有長披麻、短披麻，在中國山水畫裡面常常出現。所以說這個皴法在山水畫裡面有很多，而這種皴法要通過分別的意思來顯示出來。即是說不管用哪一種皴法，還是有一種分別在裡面。披麻皴跟折帶皴不一樣，跟斧劈皴、米點皴也不一樣，不過有一樣是共同的，就是分別。後來一些畫家像張大千、傅抱石、謝稚柳等，到了他們的後期，就用潑墨潑彩來做，這個潑墨潑彩法的用意很明顯，它把所有的皴廢掉，以潑墨潑彩來做一塊石頭、一座山等的外表如上面所談的肌理，這是中國山水畫很高的境界。潑墨潑彩全部都是一樣，廢掉一切有分別的皴，要克服、超越這種皴法，這種以分別心作為基礎的畫法，而呈現圓頓的境界。這不增不減，如其所如，沒有外加什麼東西，沒有分別，也應是這種意味。

三、如來藏思想的形成

王明翠：如來藏思想形成的要素，可從以下幾點進行論述：

第一，追求實踐、解脫的依據。佛滅度之後，「心性」已成為當時佛教各宗派要探討的大問題。人為了達致究竟解脫的涅槃境地，須透過修行，不斷的轉化身心，對此，原始佛教本來也預設了種種實踐的方法，解脫生死的目的。可是我們要依靠什麼來修行才能解脫生死呢？此一問題到了後來大乘佛教興起時，愈來愈受到重視，逐漸引發出追求修行實踐的依據、解脫的依據等問題。大乘佛教思想亦由此背景下，形成追求成佛依據的學說。到了這時，「心性清淨」的力量便被理解為人心之中可以淨化自己的動力，繼而擴充成為如來藏的觀念。

吳汝鈞：我們在這裡可以做一些補充。有關佛教的教理，基本的論點像唯識宗強調緣起、中觀學強調性空，這是初期在印度佛教發展裡面提出一些基本的概念。對於這些概念，首先我們要有一個基本的理解，下一步就是實踐的部分。因為佛教不光是一種學理，還要追求一個所謂宗教的理想目標，這方面主要是從實踐方面來做。了解萬事萬物是緣起性空，一方面依據種種因緣而形成。再來就是，既然事物都是依因待緣而起，所以它沒有獨立的存在性。我們要先把握這一基本的論點。在佛教，不管哪一學派，最後的宗教目的都一樣，教你了解現象世界、經驗世界基本上是緣起性空，沒有自性，所以不要執著它們有獨立的存在性。了解這道理以後，你就要在實踐修行這方面做功夫，最後對緣起性空有徹底的了解，不執著事物，如其所如去了解它。如果已經沒有種種的執著，你就解脫了。所謂解脫，就是克服對萬事萬物的種種執著，達到無執的境界。它不光是講學問，它還是宗教的目的。精神分析是針對精神上的病痛，針對你在心理上、心靈上那種不正常的狀態，予以治療。而這種精神不正常的狀態就是要吃藥。像弗洛伊德（Sigmund Freud）、榮格（Carl Gustav Jung）他們不光是精神分析方面研究的宗師，還是一個心理學醫生（psychiatrist）。精神科醫生不講覺悟、解脫這方面，因為精神科不是宗教，它是心理學，心理學沒有覺悟、解脫方面的問題。

王明翠：佛教與其他宗教不同之處在於，它不只是個宗教，還是一門學問，它最終的目的是要開啟智慧，解脫生死煩惱。從這點我們可以看到佛教跟西方的這種精神分析有相同的地方，也有不相同的地方。

張子妍：那如果有精神病的人可以用佛學來治病嗎?

吳汝鈞：不行。佛教所講的解脫是一種在精神、心靈、智慧上的覺悟解脫，跟你個人的精神狀態有很密切的關聯。佛教不會給你開藥。佛教徒認為，若明白種種事物都是緣起都是空，沒有獨立的存在性，你就不會執著獨立的存在性。一般人有這方面的執著，佛教基本上是要破執，破除你對萬事萬物的執著。因為你認為萬事萬物都有它的實在性，不明白它是空的，你就會執著它。佛教對你在這方面有一種開示作用，讓你清楚萬事萬物是緣起性空，所以不能起執，反而要破執。破執以後你就能無執。無執是佛教裡面一種很高的精神狀態。你如果順著這種無執的實踐做下去，最後就能夠得到覺悟。精神科醫生透過藥物治療你的精神狀態；佛教作為一種宗教，不是這樣做。它是在智慧方面，讓你清楚理解萬事萬物是緣起性空，所以不要對它們有種種的執著，在這方面讓你覺悟，達致涅槃的境界。

王明翠：關於如來藏思想形成的要素，在這裡要討論第二點。如來藏彌補了唯識思想不足的地方：唯識提到轉識成智的修行法，即透過熏習將虛妄的心識轉化成清淨的智慧，最有效的熏習是正聞熏習。正聞熏習可透過兩種方式進行：第一，透過得到覺悟者的現身說法，來說佛理，使第八識染污的種子轉為清淨種子，使清淨種子得以在生活中能夠現行。第二個方式是透過閱讀佛教經論，吸收佛教的義理，然後受熏習，使第八識的染污種子轉為清淨種子，再使清淨種子成為實現的狀態。但這兩種方法只是一種外在的熏習，是屬於經驗性格的。覺悟的人可遇而不可求，即使發心要實現佛教的理想，倘若遇不到覺悟者，那也是無法實現。閱讀佛教經論亦未必明白經論的意義；再說經論的真偽亦不易分辨，所以這個方式也是不可靠的。因此，轉識成智的理想的實現，是偶然而無必然的保證。此外，就唯識學來說，釋迦牟尼在成佛之前，他也是凡夫，也要靠正聞熏習，使在他第八識中的種子現行，因此他也要依靠另一個現成的覺者，另一個現成的覺者又要依靠另一個現成的覺者才能成覺者，如此下去，是無窮盡追溯。如來藏思想把覺悟的動力建立在生命存在的內部，建立如來藏自性清淨心作為覺悟的動力，強調眾生生命本來有一種成佛的或成為如來的可能性或可能的基礎，只要將它發揮出來便行。這不像唯識學的思想要靠外在的因素。如來藏存在於眾生生命的內部，不需要靠外在的因素來使唯識學的種子現行。如來藏沒有唯識理論的無窮追溯的困難，所以如來藏思想在這方面比較圓滿。[14]

第三點就是神化佛陀，追憶佛陀的影響。在佛陀滅度以後，佛弟子出現一種危機感或者說使命感。他們一方面追憶佛陀，希望佛陀久住世間。一方面認為佛法的傳遞是一個很重要的歷史使命。由於佛弟子對佛陀的懷念，釋尊火化後的遺骨（即佛舍利）由在家弟子建塔供養，其遺教則由出家弟子結集，形成經藏（即佛陀說過的話的彙編，是佛教教義的基本依據）及以律藏（即為教徒或信眾制定的紀律或行為規範），後還有論藏（是對經、律等佛典中教義的解釋或重要思想的闡述）。由對佛的尊崇加上對法的研究逐漸發展出以法為如來身的「法身」觀念。當時佛弟子認為，若法與律長在人間的話，即是依法、律來修行，也就是見到佛的法身。因此發展出法身的論說，認為佛陀的色身雖然只有八十年壽命，並非究竟，

14　吳汝鈞：《印度佛學的現代詮釋》，臺北：文津出版社，頁163。

佛的法身則是清淨圓滿而無漏的，是永恆常住的，故此，逐漸發展出如來法身是究竟、普遍、沒有邊際、沒有界限、永恆常住的觀念（關於法身的概念，上面已經有說明，色身指我們物理的身體，法身基本上指精神性的身體）。總之，大乘佛教出現之後，追求修行解脫的依據等等問題，愈來愈受到重視。隨著愈來愈多的討論，陸續出現以如來藏為主題的經典。如來藏說指出既然眾生將來能夠成佛，則眾生都是未來的佛，在現實生命中的眾生，必定具備了成佛之因，猶如具備了如來的胎藏一樣，因此如來藏學說就在這些背景之下逐漸成形了。

吳汝鈞：這部分我們要對正聞熏習跟法身做一些補充。佛教有提出兩種熏習狀態：一種是自力的熏習，另外一種是他力的熏習。所謂自力的熏習就是對自己的教化，對現象世界達到一種正確的了解。這種了解是透過自己的智慧而成就，這就是自力的熏習。相反的，一個人對內界外界的認識通常透過外在的一些因素來達到，這種就是他力熏習。禪宗是最強調自力熏習的，就是說，對自我進行一種有效的熏習，這種熏習的來源不在外面而在我們心靈智慧上，這就是自力熏習。像禪宗第一祖師達摩，他的禪法「教外別傳，不立文字，直指人心，見性成佛」，在這個簡單的偈頌裡面，我們可以看到，它是屬於一種所謂自力熏習的。對終極真理的了解可以說是一種熏習，這種熏習的來源不是依靠佛教的經與論來成就，是通過種種熏習實踐來讓自己對真理有明確的了解。這了解的基礎是自己的本心本性，不需要通過外在的經典論典來成就。這裡強調自我的熏習，熏習的來源是自己方面而不是從外面的因素達到，所以禪宗是很強調自力熏習，強調個人內在的努力達到熏習的效能。唯識宗在相應的問題上，是講他力熏習，不是自力熏習。唯識提出正聞熏習，認為最好的熏習是來自現實的佛陀、菩薩的教導指引，這就是正聞。正聞就是最正確的通過「聞」的方式，聞就是聽到了或者看到了，看到現成的佛在我們面前出現，聽到佛所講的種種道理，讓自己的了解程度有所增進，這就是正聞熏習。最有效的就是從佛、菩薩那裡聽到他們的說教。可是這個方式沒有保證。佛在我們世間，現在的教主還是釋迦牟尼，我們很難有機會聽到他的講法或者聽到大菩薩的說法，能有這種正聞熏習的機會非常少。除了親身聽到佛、菩薩說法之外，另外一種正聞熏習就是看佛經佛典，這個方式也不是每一個眾生都有的。佛教發源於印度，後來傳到中國、西藏、韓國、日本、歐美等等地方，不是每一眾生都有機會到這些地方接受到經論方面的教養。像在非洲，地方那麼大，人那麼多，卻很難碰到有佛經佛論的機會。所以外在的這種正聞熏習是沒保證，沒有必然性。唯識宗所講的這種他力熏習，是不可靠的。可靠的只有自力熏習，依靠你自己內心在智慧上的一種往上增進，自我的實踐，自我修養，以提升自己的熏習。每個人都有本心本性，這就是佛性，如果你能夠發揮它的功能，就可以達致覺悟、解脫的目標，不需要靠外面，包種正聞熏習這方面。只有自己的佛性，自己的本心能夠發揮出來，才是真正的機會。

關於前面所提到的法身，大概要怎麼了解呢？這個梵文字母「法」（dharma）有幾個意味。一個是諸法，萬事萬物這些東西，是法，相當於英文的 thing，指萬事萬物，這是第一個講法。第二個講法就是絕對的真理、終極的真理，這是法。第三個講法就是一般的法則、規矩。這裡講到法身，這個法（Dharma）是屬於第二種，就是能夠體證到終極真理的主體性。它是精神性的身體，不是我們這個物理的身體，能夠覺悟到緣起性空的終極真理，能夠達到這種修養的程度，就可以證成法身。

王明翠：接下來講第四節：如來藏思想的特色。這部分我主要從四個重點來進行論述。第一是如來藏的清淨性格；第二是如來藏的普遍性格；第三是一闡提是否能成佛的問題；最後是如來藏是否等同於外道所說的梵、我。

四、如來藏思想的特色

首先要討論如來藏的清淨性格。如來藏思想顯著之處在於它把覺悟的動力建立在生命存在的內部。建立如來藏自性清淨心作為覺悟的動力，這動力來自生命的內部，是每個眾生的生命中本有的，而不是外在的東西，因此又稱為自性清淨心、自性清淨藏。關於心淨的問題，若從原始經典中探索的話，在《阿含經》中亦可找到一些端倪。如《增支部》（增一阿含）中提出如此的說法：「比丘眾，此心極光淨，而客隨煩惱雜染，無聞異生不如實解。[15]」這裡，光淨的心被作為「客」的諸煩惱所染，與如來藏自性清淨但被客塵煩惱所障的思想，較為接近。後者是否受了前者的影響？這點我們現在很難確定。西元世紀開始前後，大乘思想興起，此後大乘經典相繼出世，在《般若》、《法華》、《維摩詰》等經典中，都有談到心淨的問題。但這些文獻所說的心淨，只是對心的描述語，描述心的本性為清淨；對作為主體性的心的功能，能在世間有甚麼成就，內藏有甚麼「寶藏」，能引發甚麼功德，都未有交代。到如

15　《南傳》17.15。

來藏思想出現的時候，都有解決這些問題，意思是說如來藏作為成佛覺悟的基礎，是成就如來的根源。如來藏作為主體性，即指心靈的能力，此能力可以帶出覺悟。

《楞伽經》說：

> 如來藏自性清淨，……如大價寶，垢衣所纏。如來之藏常住不變，亦復如是。而陰界入垢衣所纏，貪欲恚癡不實妄想塵勞所污。[16]

如來藏作為覺悟的基礎，是絕對清淨的。它本身無污染，但因為人本身有很多顛倒妄想，使如來藏的清淨性格無法顯露。眾生之所以不淨，有染污，是後天的外在的客塵影響所致。這些顛倒妄想纏繞著如來藏，使它的光明不能顯露。另外，如來藏是常住不變的，雖覆藏於煩惱中，但是不為煩惱所污。無論如何，這些外在的雜染無法改變如來藏的本來清淨的性格，因此可說如來藏具足本來絕對清淨而永遠不變之本性。如來藏與佛性為同一意義：佛性可說是佛的本質，或者說是佛的本性，佛是清淨無染，佛性是其依據，也應是清淨無染的，一切眾生皆具有與佛相等的本性。

吳汝鈞：如來藏這個觀念發展到中國佛學就是佛性，在印度佛學裡面，這個如來藏的字眼常常出現，發展到中國佛教，不管是天台、華嚴或是禪，基本上都用佛性這個字眼。一個人、一個眾生能夠覺悟成佛，依靠一種精神性的力量，這力量就是佛性。成佛的這種潛能、這種超越的主體，就是佛性。

16　《大正藏》第 16 冊，頁 489。

王明翠：在這裡要強調如來藏具有普遍的性格，其普遍地存在於眾生的生命存在之中，眾生平等地具有此一成佛的能力。但問題是，眾生都是凡夫，都充滿著種種苦痛煩惱、顛倒見解，因此無法將它顯現出來。《大般涅槃經》說一切眾生悉有佛性，即是說，如來藏作為成佛、成如來的主體性的潛能，它普遍地內在於一切眾生的生命中，一切眾生都具足這個主體能力，只要能將它顯發出來，即能覺悟，獲得解脫。經中強調一切眾生悉有佛性，亦即說一切眾生悉有如來藏，即使是最愚癡的「一闡提」（icchāntika），也有佛性。

關於一闡提能否成佛的問題，在佛教學術研究有不同的論點，而這個問題在如來藏思想中，也有頗為重要的關鍵性。《大般涅槃經》共四十卷，前十卷雖說眾生悉有佛性，卻將一闡提摒除在外。這裡說一切眾生皆有佛性，斷了煩惱之後，能夠得到阿耨多羅三藐三菩提（anuttarā-samyak-saṃbodhi，無上正等正覺），不過一闡提不在此列。眾生身中有佛性，如不是一闡提，一定會成佛。但《大般涅槃經》後面的部分，卻說一闡提雖斷善根，可是佛性不斷，故未來亦有成佛的可能。一闡提對於佛法深生誹謗，破見破戒，離諸善行，不能信受涅槃解脫的正法，反而愛樂生死，造作重惡，且毫無慚愧、改悔、生善之心。像犯了五逆四重罪（五種逆罪：殺父、殺母、殺阿羅漢、出佛身之血、破和合僧。四重罪：殺生、偷盜、邪淫、大妄語）的人，都是趨向一闡提之道。既是如此劣根之性，為何也能獲證佛果？其因何在？《大般涅槃經》卷二十二說：「謗方等經、作五逆罪及一闡提悉名不定。如是等輩若決定者。云何得成阿耨多羅三藐三菩提。」[17]經中又如此解釋：「一闡提者亦不決

---

17 《大正藏》第 12 冊，頁 493。

定，若決定者，是一闡提終不能得阿耨多羅三藐三菩提，以不決定是故能得。」[18]這是強調一闡提根性下劣，極難教化的一面。一闡提是「不定者」而非決定永不改易者，假如是決定永不改者，是無法成佛的，可是因為「謗方等經、作五逆罪」皆是「不定者」，所以還是有生起善根的時候，因此還是可以成佛。也就是說，斷善根與佛性斷意思不同，一闡提雖斷善根，但其佛性不斷，待時節因緣成熟則可望回歸正路。從佛說一切眾生乃至一闡提皆有佛性的旨趣來看，如來藏不只是攝化一類眾生，還融攝了所有凡夫、外道，從這一點可見如來藏思想更具有一層正面、積極的意義。

吳汝鈞：我們上面有講到竺道生。在竺道生那時候，《涅槃經》還沒完全翻譯出來，只翻譯前面的部分，這部分沒有出現一切眾生皆有佛性的講法，這個講法是出現在後面。竺道生對般若思想、中觀思想等等都有深入的研究，雖然當時《涅槃經》中已經翻譯出來的部分沒有提到一切眾生皆有佛性，他已經預言有這種講法，當時大家都認為這是異端之說，認為竺道生是自作主張，沒有文獻學的依據，就把他驅出僧團，不讓他在佛教團體裡面活動。後來剩下的《涅槃經》翻譯出來，真的有一切眾生皆有佛性的講法，所以竺道生就平反了。

我們再看《楞伽經》所提的「如來藏自性清淨，……如大價寶，垢衣所纏。如來之藏常住不變，亦復如是。而陰界入垢衣所纏，貪欲恚癡不實妄想塵勞所污。」《楞伽經》把如來藏說成為一種寶藏。所謂寶藏，是我們了解終極真理所依據的機能：如來藏自性清淨心。如來藏是自性清淨的，它是來自如來藏自性清淨心，這

18　同上。

個心就是佛性。如來藏思想發展到中國後，通常都稱為佛性。這裡講到「陰界入垢衣所纏」，「陰界入」基本上就是經驗世界裡面所有的種種的負面對象，這個「陰」是五陰，五陰是色、受、想、行、識；「界」是十八界，十八種不同的構成要素：六根、六境與六識；「入」是十二入，是六種感覺器官：眼、耳、鼻、舌、身、意，和六境：色、聲、香、味、觸、法。陰界入之中有些東西是重複的。

我們稍微解釋一下這裡提到的一闡提，一闡提是 icchāntika 的音譯，指那些非常愚癡的眾生，愚癡到不管你用什麼方式去教他，都沒有用；不過你也不能很明確說這種人不能成佛，不能這樣講，他成不成佛，有不同的看法。有些講法是，一闡提不能成佛，不管你怎麼去教他，他的愚癡也不會改變。另外一種講法，《涅槃經》裡面不是有講一切眾生皆有佛性嗎？一闡提也是眾生，雖然他是非常愚癡的眾生，可是他還是眾生，如果說一切眾生皆有佛性，那一闡提也包括在裡面，所以他應該也可以成佛。這就是兩種相對抗的講法。

宋松山：第二種說法比較符合邏輯。

吳汝鈞：對，一闡提不管是多麼愚癡，可他還是眾生，應該有成佛的潛能。

宋松山：眾生是不是也包含動物界還是只有人？

張子妍：眾生是不是也包含無形的？

王明翠：這裡眾生是指有情眾生。

吳汝鈞：人是眾生裡面的一種。有情眾生是指有生命跡象的眾生。

宋松山：石頭是沒有生命，所以算不算？

王明翠：石頭沒有生命跡象，應該不算。

吳汝鈞：石頭是沒有生命的，不應該說是眾生。後來佛教發展到有無情眾生的講法。這個情就是指有生命跡象的那種，像石頭就沒有生命的跡象，應該是不能成佛的。石頭可以成佛，應該是比較極端的說法，如有人說「生公說法，頑石點頭」來形容竺道生說法的善巧。比較極端的就說石頭也是眾生，也可以成佛，其實也沒有很多人這樣說，我們也很少爭論這個問題。說石頭也有佛性，意思是說無情有性，性就是佛性。無情就是沒有生長的能力，像石頭、房間、水瓶……這些都是無情的東西。講到最後就把這個意思極端化。有人說狗子有佛性，大家通常都可以接受，狗是一種動物，是有情眾生，應該都有佛性。

王明翠：接下來討論如來藏是否相同於外道所談的梵（Brahman）和我（ātman）。據上面所述，如來藏是覺悟的所依，成佛的基礎；它作為清淨的主體性，與婆羅門教的梵或我都有很多相似的地方，因此有人指責說如來藏等同於婆羅門教的梵（Brahman）、我（ātman），誹謗如來藏思想不是佛法，誣衊如來藏思想不符合原始佛教的正說。這樣的說法是否正確呢？如來藏是婆羅門教的梵或我嗎？在這裡我們會進一步說明。

在印度傳統文化發展過程中，自古時候，印度各種宗教開始探索、推究生死相續的生命變化，也就是探討生從何來、死往何去。關於個體生命流轉的問題，有著從信仰多神的自然神論，轉化到尊崇一神的創造神論的思想演變。

吳汝鈞：就是說每一種自然現象，都安置一個管理這些自然現象的神，例如山有山神、水有水神、河有河神、雨有雨神等等，每一種自然現象都會設立一個主宰者來管理這種自然現象，這些都是印度教的講法。

王明翠：印度教或者說婆羅門教裡面有三種最重要的文獻，第一是《吠陀》（*Veda*），《吠陀》出現最早，最具有神祇祭祀的特色；第二就是《奧義書》（*Upaniṣad*）；第三的是《薄伽梵歌》（*Bhagavad-gītā*）。印度教是一個多神教的宗教形態，這個多神論我們可以從《吠陀》裡面看到。關於個體生命流轉的問題，有著從信仰多神的自然神論轉化到尊崇一神的創造神論的思想演變。演變的結果就從「梵」（Brahman）一詞中展現出一個概括而抽象的實體，強調宇宙萬物的根柢是清淨的「梵」。這種思想演變可以從《奧義書》中瞭解到它思想的淵源。《奧義書》中所表現的梵是一種形而上原理，是宇宙最高而真實的存在者，一切事物的主宰。這個「梵」（Brahman）是全世界之主，是天地的護持者，宇宙一切萬法都是由梵這個造物主所創造的，每一個有情眾生最初也都是由梵這個造物主所創造的。這個外在的、超越的梵也有內在性，它內在於每一個人的生命中，而成就每個人的自我（ātman）。人的自我本來與梵是同質的，在本性上是同一的，也就是說，人自身具足梵的性格，這性格是清淨的。《奧義書》認為，人本來有清淨的梵性，但因受了後天的惡業染污，與梵性悖離，迷途不返。因此人的理想目標是從惡業染污解放開來，回歸向梵。梵是宇宙靈魂，自我是個別靈魂；自我與梵冥合，表示個別靈魂向宇宙靈魂回歸，投向它所自來的地方。也就是說，宇宙靈魂和個別靈魂是相通的；如果能夠修行離欲而無欲，能夠修清淨行，自我便能回歸到梵之中，了結生死，得到解脫。從這方面來講，《奧義書》所表現的梵與我，跟如來藏思想其實有些相似的地方。

婆羅門教另外一部重要的文獻《薄伽梵歌》，中心思想與《吠陀》和《奧義書》雖有不同之處，但亦有綜合該兩部文獻思想之處。《薄伽梵歌》提出「梵天」的概念，除了包含梵的意味外，天一字即有神的意思。梵天除具有形而上原理的意味外，亦具有神的位格。它是天，神、梵合為一體。梵天其實就是大梵天；他是三界六道中色界初禪天的天主，他還是五陰所成，是有妄想雜念未能解脫的；所以，仍是以意識心為中心的凡夫，仍然是屬於無常的五陰所含攝的意識妄心。此梵、我是實體的梵、我。即是說，它是存有義的一種實質的體性。

吳汝鈞：這裡我們要介紹一下，印度教最原始有三部文獻：《吠陀》、《奧義書》、《薄伽梵歌》，這三種文獻代表印度教或說婆羅門教幾部最重要的文獻。這幾種文獻以至印度後來發展出來的所謂六派哲學，都提及一個非常重要的觀念，就是 Brahmā，它是宇宙的統治者、宇宙的根源，然後 Brahmā 下面有 ātman，ātman 是指每一個生命的個體，就是人的自我。這個自我怎麼來呢？就是從 Brahmā 發展下來。Brahmā 表示印度教裡面最高存在或者說宗教意味的最高存在，這相當於基督教所講的 God（上帝）或者相當於儒家所講的天命、天道、天理或者良知，是終極的存在。Brahmā 其實是有分化的，分化成為不同的眾生的自我。梵跟自我基本上是一體的，所以梵跟自我最後同一，相互融合，這就是所謂的「梵我一如」。

王明翠：如來藏作為一種主體性的能力，它與佛性一樣，是從超越性格方面說的。主體有分經驗的主體和超越的主體。經驗的主體是有相對性格的，受時間及空間的限制。而超越的主體則超越一切時空的限制，超越一切相對性，具有絕對的意義。再者，如來藏作為超越的主體，處於最根本的層次，是最後的實在，但不是一個實體。如來藏雖與婆羅門教的梵、我有些相似，但最不同之處是，如來藏作為一種超越實在的主體，強調心的能力，是心能，它會活動，不處於一個靜止的狀態中，它能發動行為，使人捨染成淨。因此，如來藏不是實體的梵、我，即是說，如來藏不是存有義的一種體性。[19]

吳汝鈞：如果從文獻來看，會發現婆羅門教或印度教的《吠陀》、《奧義書》或《薄伽梵歌》的思想，有一個地方是相通的，就是大家都非常強調這種梵的觀念。而這個梵的觀念基本上是從實體主義的維度（dimension）發展出來，所以早期的印度思想，對作為整個宇宙包括人生在裡面，強調一種有客觀傾向的實體主義的思想。這個實體就是我剛提到的梵，這個梵被說成一種客觀上的實體性格的觀念。所以這裡我們要把實體跟主體做一個說明。實體是一種作為天地萬物包括我們的生命存在，是一個形而上的依據。不管《吠陀》、《奧義書》或者《薄伽梵歌》，它們的思考路向就是在梵。梵作為客觀形而上的實體，是一種終極的存在。所以在這裡我們要清楚了解這個梵是一種形而上的實體，跟佛教剛好是相對反。佛教

19　吳汝鈞：《印度佛學的現代詮釋》，頁 173-175。

向來就反對形而上的觀念，而比較強調主體的功能，這裡我們可以看出實體跟主體是不一樣的。實體作為一種形而上的實體，不是經驗的實體，在這方面，印度哲學裡面整個形而上發展的方向都從梵開展出來。而佛教是不承認有這種形而上的實體的，不承認在我們心靈以外有一個根源性的實體存在。這點可從中觀學、般若思想所強調的性空看到。而如來藏思想所強調的如來藏自性清淨心跟印度的婆羅門教原始思想的梵、大梵完全不一樣。一個是客觀的形而上的實體，一個是如來藏自性清淨心那種心靈或者說精神性的主體。這裡我們要分清楚。印度傳統思想所講的大梵跟佛教所強調的如來藏自性清淨心很不一樣，是另外一種思考的路向。大梵是講客觀的實體主義，一個終極的存有，如來藏則強調整個宇宙的那種主體的心能。這裡我們要分清楚，客觀、形而上的實體是印度傳統哲學的一個核心的觀念，這裡沒有主體性的意味，它的重點是放在客觀存在那方面。如來藏思想作為一種主體的心能，它的思考路向跟形而上的實體或者說大梵不一樣。如來藏思想後來繼續演化成為佛性思想，這如來藏跟佛性在印度佛教裡面是相通的。印度佛教思想對印度婆羅門教來說，可以說是反傳統、反動性或說革命性的發展。從印度哲學的發展史來看，可以看到印度哲學的思維形態從客觀形而上的實體發展到如來藏這種主體性或說佛性的背景。從梵的觀念發展到如來藏、佛性的觀念，中間有一種很明顯的轉化。為什麼用轉化來講呢？這個形而上的實體大梵，從佛教的立場來講，基本上是虛妄的，不正確的。印度婆羅門思想的梵天、梵，發展到印度佛教的如來藏思想，是從客觀形而上的實體轉化為主觀的主體性的功能。從印度婆羅門教發展到印度佛教，中間可見有一種革命性的進展。中國佛學則吸收了如來藏思想或佛性思想後，繼續開拓，成為有中國特色的佛教的體系。不管是天台也好、華嚴也好，或者是禪，這三個宗派都有一個共通點，強調佛性作為一種終極的主體性，它本身具有一種創造的功能。所以中國佛教基本上是繼承了印度佛學的如來藏思想或說佛性的思想，對於這個發展脈絡，我們要清楚了解。

五、結語

王明翠：如來藏思想的重點是說明一切眾生都具備如來之胎藏，換句話說，眾生雖然現在未能成佛，但成佛之因已經具備，將來必定成佛。眾生現實生命雖然被客塵煩惱遮蔽，但如來藏本身則是清淨的、超越的；再說這如來藏不是外在的實體，是每一眾生內在本然具足的能力，所以如來藏又稱為「如來藏自性清淨心」。此外，如來藏或佛性具有普遍的性格，普遍地存在於眾生的生命存在之中，眾生是平等地具有此一成佛的能力。不過，需要注意的是，如來藏可說是覺悟的根源，是清淨的主體性，與外道具有形而上意味的梵或我，有很大的分別，不能混為一談。

如來藏為中後期大乘佛教的重要思想。在印度，如來藏說所受到的待遇並不如中觀和唯識二者，然此思想傳入中國後，隨著「一切眾生悉有佛性」的說法，反而蓬勃發展開來，大受佛教信徒歡迎，成為中國佛教的基本論調，令佛教在中國等地的傳播更加普及順暢。如來藏說因此成為中觀、唯識外的另一個主流。此中原因何在？這裡我們有整理出幾個重點：由於如來藏思想以經典為主，所以重論的學派，如西藏學者，只承認大乘的「中觀」與「唯識」，而不承認「如來藏性」的存在。中國佛教是重經的，所以有「經富論貧」的評語。如來藏、佛性法門，傳到重經的中國來，受到中國佛教的高度讚揚[20]。此外，如來藏說是為了適應世俗而興起的通俗化佛法，如來藏法門主要宏揚眾生皆有佛性的論說，相較於中觀學多從否定面來論述其本身的思想（如龍樹的《中論》），與唯識學繁瑣的法相、法義的分析，或許頗合於中國傳統性格好簡易，像中觀或唯識這些卷帙浩繁的經論，在中國是極難普遍流通的。中觀學與唯識學是比較強調客觀的理論，但如來藏作為超越的主體性，強調心的功能，所以比較偏於主觀的理論。像上面老師所講，唯識或有宗的重點放在緣起，種種事物依因待緣而起，所以它們沒有獨立的自性；中觀或空宗強調性空。不管緣起也好，性空也好，它們都強調事物的基本性格，即是緣起性空。印度佛教比較強調事物的對象方面，中國佛教除了吸收緣起性空的思想，也比較強調主體性或者說實踐的方面。如來藏思想中心在於這一主體性的能力，或者說強調實踐的方面，所以傳到中國之後就倍受歡迎，得以蓬勃的發展。再者，如來藏思想對於「誠信」具有濃厚的要求意味，不像中觀、唯識那樣著力於闡發論述教義教理，這或許也是如來藏思想得以普及化的理由之一。

吳汝鈞：這裡我們也可以做一些扼要的說明。印度佛學一向以中觀學與唯識學為主。中觀學主要講性空，唯識學強調緣起；兩者的重點都放在客觀的事物的本性方面。他們是偏向於客觀主義的性格。如來藏基本上是一超越的主體性，或者是後期所講的佛性。中國思想裡面比較強調超越的主體的那種動感，不光要注意客觀方面的緣

20　釋印順：《如來藏之研究》，CBETA 電子佛典集成，中華電子佛典學會，頁 7。

起跟性空的義理，同時更為強調我們主體方面有沒有相應的心靈作用，來對緣起性空的義理有恰當的了解。這方面中國的信眾比較喜歡印度佛教所講的如來藏思想。因此如來藏思想傳到中國後就發展得非常蓬勃、暢旺。中國人比較強調主體方面的能力，他們認為這種主體的能力能夠貫串到客觀事物的緣起性空的性格。所以中國佛教對於中觀學、唯識學與如來藏思想或說佛性思想，比較欣賞如來藏作為超越的主體性，它的存在與作用。中國的傳統思想，像儒家強調道德的主體功能，跟道家莊子講人有一種觀想美境的主體能力，它能夠照見客觀的道，作為終極真理的道，與如來藏思想所強調的這個超越的主體性，比較接近他們的傳統思想：儒家跟道家。在中國佛教方面，他們的背景也有儒家、道家這方面的想法，所以當中觀學、唯識學、如來藏思想傳到中國之後，中國人比較欣賞如來藏這方面的思想。這也可以說是中國佛學不同於印度佛學的地方。

王明翠：關於如來藏思想的發展，有些學者認為如來藏思想是以經為主，西藏佛教比較重論，他們只承認中觀學跟唯識學，不承認如來藏說。中國佛教比較重經，所以如來藏思想傳到中國後得到比較好的關注，可以蓬勃發展。請問老師對於這個說法會有什麼想法？老師會同意嗎？

吳汝鈞：對於這種說法，我想不需要拿經跟論作為一種主要的參考文獻來講。這方面的思路，印度佛學怎麼樣從中觀學、唯識學發展到如來藏思想，從思想根本的線索來講就是這樣，經跟論是從不同的文獻傳達佛陀的教義，它們只是不同的文獻，哪一邊比較重經，哪一邊比較重論，也不需要這樣看待，應該以思想的形態為主。

第五章　天台學

一、苦與樂

吳汝鈞：天台這門學問，內涵非常多元，我們要了解這套學問，一下子要把握它的基本的教理不是那麼簡單。所以我想今天先講天台佛學的基本問題、基本觀念和概念，讓你們對這門學問有基本的印象，然後下去就比較容易了解，對於了解華嚴和禪也會有幫助。這天台學，我在佛學研究裡面做過較多的研究。我對智顗非常感興趣，並且把握一切機會去試圖了解他的思想。然而，我一直無法做到，直至我撰寫麥克馬思德（McMaster）大學的博士論文時，對智顗的系統才進行了全面的研究。我集中在天台智顗大師和龍樹的研究，看怎麼樣通過對於龍樹的研究來引出、發展智顗大師整個思想的體系。這博士論文原來是用英文寫的，寫完交給夏威夷大學出版社出版。我沒有中文的翻譯，由我在香港的一位助理把它翻譯出來，拿到學生書局印出來，就是這本書《中道佛性詮釋學：天台與中觀》，你們可以看一下。另外我還有一些書，也是有關天台思想的書。比較全面的有《佛教的當代判釋》，還有《佛教思想大辭典》、《從詮釋學與天台學說起》，還有這本比較小的《天台智顗的心靈哲學》。我現在先講天台學的基本教義，天台宗義理的發展，希望做一個扼要性的了解。我先講苦的問題；整個佛教的學派，基本上是提出苦的問題。我前面講四聖諦的苦，從現實的人生來講，這苦是個很基本的面向，人生基本上是苦的。我們要怎麼樣，把這個苦的問題說清楚，怎麼樣讓我們能夠從苦釋放出來，達致覺悟和解脫。我們在最初的時候也講過，就是苦跟樂通常是對反的。

一般人大概都是這樣了解，人生有苦跟樂這兩方面，在佛教來講，人生基本的面向是苦的，人生是受苦的，人應該怎麼做，能夠從苦痛煩惱解放出來，達到樂的境界。我們又強調苦是人在生活上的一個常數（constant），樂是一種變數（variety）。我們一開始都是充滿苦痛煩惱，這種苦痛煩惱怎麼樣發展到某一個階段，讓人有那種樂的感受呢？就是說苦基本上是實然的，人生是不是一生出來就是苦，一直到最後，生命結束的時候，是不是都是苦呢？根據佛教的看法，不是。

這個看法就是人生基本上是苦的，到了某一個階段，人能夠從苦釋放出來，達到樂的感受。所以，苦跟樂不是一種對比的感受，而是苦是基本的，樂只是偶然的。人生到了某一個階段，樂就會出現。可是這個樂的出現，也不是一直下去都是樂的，它只是在某一個階段，人才能有樂的感覺，在這個階段以前跟在這個階段以後，人是苦的。我們在這裡舉一個例子，譬如說：我們去游泳。博裕，你游不游泳呢？

周博裕：旱鴨子，不會游泳。

吳汝鈞：你不會游泳，那就可惜。因為，游泳對我們來講，不光是對身體有幫助，而且它也有一種樂趣，在游泳裡面，這苦跟樂，所占有的空間是多少？在這裡我們就可以看到苦跟樂這種關係，不是相對稱的，而是人生活基本上是苦的，只有到了某一限度，人才會有樂的感受。過了這個限度，樂就不見了，就變成苦了。所以，我們舉游泳做為一個例子。我們游泳當然對身體有好處，而且有讓人感到快樂。可是，這種感受不是永遠是這樣。

一個人在游泳池或是在海灘游泳，讓你游半個鐘頭，你會開始感到舒暢。半個鐘頭可能不夠，你繼續游泳到了一個鐘頭，你會感到很舒服、很舒暢、很過癮。然後你繼續游泳，游多一個鐘頭，就是游泳半個鐘頭到一個鐘頭半，在這段時間，人會覺得很快樂。可是你繼續游下去，情況就不一樣了。因為人的體力總是有限的，不能超過某一個限度。你游了半個鐘頭，從這半個鐘頭到再游一個鐘頭，就是到一個半鐘頭這一段時間，人是快樂的。可是你繼續游下去，人就有點疲勞的感覺，那就不是快樂了，有點不能應付了，體力漸漸不足夠了。如果你不停止，繼續游下去，你就會慢慢沒有這快樂的感覺，覺得疲倦了。如果你繼續游下去，這種疲倦的感受就會越來越加重。繼續游下去，中間沒有間斷，你就會越來越感到疲倦，應付不來了，最後樂就不見了，你會感到有點苦了。若繼續游下去，你沒有力量了，沒有快樂的感覺，那苦痛就來啦。這一直下去都是苦痛了。再勉強游下去，最後你就會淹死。

我們中研院體育館有一個很乾淨的游泳池，很多同仁都到那邊去游泳。當然游泳最好還是到海灘去游，可是在海灘游泳會有點危險，如果你在游泳池游泳，因為有救生員看著，你如果不能繼續游下去，快要淹死的時候，救生員就會火速地過來幫忙。不管你是在什麼地方游泳，若你的游泳時間不足夠，你感覺不出什麼，你的快樂還是出不來。繼續游下去，你就覺得很快樂，很舒服，很過癮。再繼續游下去啊，你就會疲倦，最後勉強要游，你就會淹死。所以在這一點來看，苦總是存在於我們的身體裡面，到了某個階段，你就會感到快樂，這就是人生。所以從這個例子，我們看到苦跟樂不是對等的，苦是基本的感受。一個人在生活裡面進行種種的活動，基調是苦的。

在這裡我們可以看到人生中種種的活動，基調是苦的，所謂樂只是在某一個階段，你會感到快樂。可是，這快樂只是到了某一個止點而已，再發展下去，苦又要來了。從佛教的觀點來講，就是人生基本上是在苦痛煩惱的情況裡面，你要從這種苦痛煩惱解脫出來，釋放出來，就要有一些功夫實踐。

在佛教來講，人生的目的，就是要從苦痛煩惱解放出來。人要怎麼樣才能夠做到這麼一種情況？從佛教來講，它的基本問題是人怎麼能夠離苦得樂？從苦痛煩惱釋放出來，得到精神上的快樂。

二、真理與實踐方法

吳汝鈞：現在就引出一個大問題，就是對於人生來講，什麼是絕對真理？下一步就是怎麼樣能夠體證、體驗絕對真理，讓你能夠從苦痛煩惱釋放出來？我們對絕對真理怎麼樣去了解，然後怎麼樣能夠讓自己體會、體證到這個絕對真理，從苦痛煩惱解放出來，離苦得樂。這是個大原則的問題，這裡面有兩點：首先提出絕對真理是什麼？二是說怎麼樣才能體證、體驗絕對真理？在這方面，第一個問題跟第二個問題之間，有這麼一種分別，就是說我們是不是要先把握那個所謂絕對真理，先把握、了解絕對真理是怎麼樣，然後怎麼樣去體證、體驗絕對真理。

在這兩個問題裡面，有沒有一個先後次序，就是說第一步你當該怎麼做，第二步你又當該怎麼做呢？在這裡我們就提出一個概念，或者是觀念，跟方法的問題。就是說這個觀念跟那個方法，他們之間有沒有一種次序，先做這一點，再做另外一點。這裡就有觀念在先，方法在後；或者方法在先，觀念在後這兩條路。我認為應該先從真理著手，先了解真理是什麼，下來再考慮用什麼方法來體證這真理，這就是觀念跟方法的問題。

如果我們先把握這種思考，就可以對天台宗主要的意涵確定下來。接下來，我們進入天台宗的具體瞭解。在天台宗裡面，他們所強調的絕對真理，就是佛性。再看怎麼樣能夠體證、體驗這種佛性，讓我們在實際生活裡面，活在佛性裡面。這裡就涉及怎麼樣理解這佛性，用什麼方式去體證、體驗這個終極真理。根據天台宗的講法，在這裡他們談到方法，就是有兩方面，一方面他們講一心三觀：空觀、假觀和中觀；然後有所謂三諦——中諦、假諦和空諦。

三、中道佛性

吳汝鈞：所以我們要先有這麼一種思考，來瞭解天台宗的教義。在這裡面，我們要先講佛性到底是什麼東西？再討論怎麼樣能夠體證、體驗這佛性。進一步來看，我們通常講佛性，都是限於那種主體性的一種功能，一切眾生皆有佛性，就是所有眾生都是有佛性這麼一種心靈的能力。天台宗繼續把這個佛性發展下去，提出所謂「中道佛性」這一複合的概念。中道跟佛性結合起來就成為所謂「中道佛性」，我們以它為基礎來建構整個思想的大體系。

這個中道佛性，我們說它是個複合的概念，中道是一個概念或觀念，佛性是另外一個概念或觀念，所以中道佛性就是一個複合的概念。這個複合的概念裡面的焦點、重點就是說，在中道佛性這種綜合概念裡面，他們把中道跟佛性結合起來，然後把雙方等同起來，中道等於佛性。這中道是中觀學的中道。宋明儒學不是講心即理嗎？中道就相應於理，然後宋明理學，陸象山和王陽明他們講一心，講良知，在佛教裡面就講佛性。天台宗所講的佛性，相應於宋明理學所講的心。陸象山和王陽明不是很強調心即理嗎？心即理就是說心跟理基本上是同一的，不分開的。我們就把心即理的心、理關聯，放到中道佛性這個複合概念來講，心就相當於佛性，理相當於中道，然後心即理！佛性即是中道。我們在這裡再強調一下，陸王的學問，最重要的一個命題就是心即理，把這種心即理放到中道佛性裡面來講，我們就可以說中道佛性表示中道跟佛性是等同的，這種等同的關係可以比對宋明理學所講的心即理。中道就是佛性，心就是理。說到底，中道佛性所傳遞出來的消息，就是宋明理學所講的心即理的格局。博裕，有沒有問題呢？

周博裕：OK.

吳汝鈞：那我們就繼續講下去。天台思想在思考上面，很強調一種三體結構，就是一心三觀、三諦圓融這麼一種格局發展出來的三體結構。這些以三為主軸所開創出來的一種結構，我們把它看成為三體結構，英文的翻譯是 Threefold Pattern。這一心三觀就是空觀、假觀和中觀，三諦就是空諦、假諦和中諦。在這裡有一種觀念跟方法之間的關係，就是說在天台宗裡面，他們提出中道佛性的觀念，然後在方法上提出三觀、三諦。我們在這裡可以做這種了解；中道佛性是觀念，三觀、三諦的三體結構是方法，這裡面的次序是我們要先瞭解中道佛性。我們要把中道佛性的基礎抓好，然後再決定用什麼方法去體證、體驗這中道佛性。這三體結構是一種方法論的語詞，就是三觀、三諦。我們要先了解天台宗所講的中道佛性是什麼東西，然後了解怎樣去體證、體驗這中道佛性。這非常重要。有沒有問題？

聶豪：我有問題，記得智者大師有提過：「一念無明法性心」，這跟中道佛性之間有什麼關聯嗎？

吳汝鈞：中道佛性就是法性，法性就是諸法之性，法性在這方面等於佛性。那是後期發展出來的一種講法。「一念無明法性心」是一種弔詭的表示，你在介爾一念裡面同時呈現無明跟法性。法性本來是清淨的，無明是虛妄的，你要把清淨的法性跟虛妄的無明結合起來。從現實的心念來說，並不存在一種無明與法性兩種截然相對反的成素在裡面，心念只能單單是無明，或單單是法性。無明和法性是一個整一體，不能分割成部分。心念能發揮明覺，便全體是法性；不能發揮明覺，而一味執著不捨（對存在的執著），則全體是無明。[1]無明與法性在一念心中可以互轉，端在一念心如何呈現。我們要先把中道佛性跟三觀、三諦的三體結構弄清楚，然後再講一念無明法性心。慧能禪也是這樣講。

周博裕：用儒家的話，是不是可以這樣講：「極高明而道中庸」？

吳汝鈞：「極高明而道中庸」這種說法比較複雜。這中庸可以通過多元的方式展現出來。你可以把它放到天台宗中道佛性跟三觀、三

1　吳汝鈞著，陳森田譯：《中道佛性詮釋學——天台與中觀》，臺北：臺灣學生書局，頁 304。

諦關聯起來了解；高明就是中道佛性，中庸就是一心三觀、三諦圓融的三體結構。表面上我們可以做這種比較、比對，可是，極高明而道中庸是儒家的講法，中道佛性跟三觀、三諦是天台宗的講法，你初步可以這樣了解，可是進一步你要搞清楚，就是在儒家裡面，高明是什麼東西？中庸又是什麼東西？在天台宗裡面，中道佛性是什麼東西？三觀、三諦又是什麼東西？我說，初步你可以做這種比較，可是它們背後的背景完全不一樣。

天台宗的學問比較複雜，我在這方面所用的功夫比較多，下來就是唯識學。這是我在加拿大麥克馬思德（McMaster）大學做研究寫出來的博士論文，在夏威夷大學出版社出版。

張子妍：絕版了嗎？

吳汝鈞：這我也不曉得，反正現在不好買。這本書的出版，大概是 1993 年。我這張相片是 30 歲左右照的，我那個時候，寫博士論文時應該是 38 歲，所以相差 10 年呀！很多朋友跟我說這是英文本，就是外國人看起來比較方便，可是我們這邊華文的學術界，就沒有流通，好像知道的人並不多，所以他們向我提議弄一個中文本，中文的翻譯本，這中間也經過一些糾結，最後我在香港的一個助理才把它翻譯出來，交給學生書局付印。

上一次我們花了大概一個多鐘頭講天台哲學，或者是天台佛學，只是講了很少的一部分。下面一些主要的義理、主要的內涵會講的比較深入，比較具體的天台學的教理。上一次我們講得很重要的一點，就是我們對一個學派的思想，對它的那種學問，在了解上應該有兩點，一點是它的基本觀念是什麼，怎麼樣去瞭解這個基本的觀念，這是一點。另外一點是，我們講這個基本觀念，不光是拿來講的，是要實踐的。若只是講而不修行，你講那個終極真理的觀念就是空談，沒有實際的體證。所以對終極真理，對觀念的體證，也是非常重要的。我們就提兩點，一是對終極真理的認知，二是怎麼樣去實踐這個終極真理。所以有兩方面的問題，第一方面是觀念或概念，另外一面是方法，方法就是去體證、體驗這終極真理，把它放在生活中作具體的修行。所以這裡就有基本的觀念跟實踐的方法兩點。現在的問題是以哪一種為先呢？這裡顯然有先後的問題。我們要先把握這真理，然後再講怎麼樣把這真理體驗出來，這是一方面的次序。另外一方面是，我們先把體證終極真理的方法設計出來，然後才談這真理的意義。在這裡有兩種做法，一種是先對觀念，就是終極真理這個觀念，有正確的認識，然後再談方法，實踐真理的方法。第二種是先決定方法，然後再看觀念，要怎麼樣去了解。我提出的做法是觀念先行，方法殿後，如上面已提過的。

日本學者研究天台學，很有一部分是先強調一心三觀、三諦圓融這方面的講法，才去講中道的真理。西方學者瞭解天台學，基本上是參考日本學者的那種研究。他們自己沒有提出一獨立的、真正屬於自己思考的方式來瞭解天台學。他們先講實踐方法這一方面，就是一心三觀、三諦圓融，然後再講中道。他們強調要先注意實踐的方法，才講中道或者是終極真理的內涵。我花了很多時間跟精神處理這個問題，結果提出自己的看法，與日本學者跟西方學者不同。我強調應該先確認終極真理是什麼東西，觀念方面是什麼東西，再決定怎麼樣去體證終極真理的方法。所以這裡就差了一大截。我的看法是先不要把焦點放在方法這方面，應該先把觀念弄清楚，再講實踐的方法。我這種瞭解方式就是像我那博士論文所寫的一樣。當我寫完了這篇論文以後，口試過了，夏威夷大學的 D.

Chappell 教授（他也是我這論文的一個評審學者）勸我把這論文拿去出版。我說，我用這種看法跟一般流行的，在日本，在歐美，流行的看法不一樣，恐怕夏威夷大學出版社不會接受我這種講法。教授說，不用考慮這一點，因為我的看法有自己的脈絡，自己可以形成一種路向。我就接受了他的建議，他把這博士論文拿到夏威夷大學出版社那邊；他又不知道從什麼地方籌得 5000 元美金，用來請一個母語是英文的學者，讓他在文字上修改那博士論文。夏威夷大學出版社接受了這篇論文，把它出版。出版後兩年，就給印度方面出版社盜印，銷路居然不錯！

另外一點是，這本書出版以後，日本跟歐美方面的反應很強烈，認為我在這論文裡面所寫的，那種思路是要先把握終極真理是怎麼樣，然後才去探求方法這一方面的問題。日本學者是先強調方法這一方面，先把一心三觀、三諦圓融這個問題解決好，再看終極真理到底是什麼。日本學者和西方學者是這樣看天台學，我的看法跟他們不一樣，日本學界很不喜歡我這種研究的方式。所以有一年我申請到一個半年的外調休假，我想利用這半年去大正大學，因為大正大學在日本跟歐美來講都是一個研究天台學的很重要的中心。我寫了一封信給大正大學，剛好那個時候，D. Chappell 教授剛好在那邊做完了研究，要回去夏威夷大學，他也跟大正大學有關方面做了一些討論。我的論文剛好是講天台學和中觀學的，我以為他們會接受我的申請，他們說，好啊！我們歡迎你來，就這麼幾行字。我後來在想，如果我要在日本待個半年，我要有居留的居所，對啊！要找房子啊。日本東京那個物價啦，在世界上是最高的，以我那時候拿的薪水，不要說半年，連兩個禮拜我在東京要住一個房間也不可能。我又寫一封信要求他們替我在他們宿舍裡面，找一個房間，一個宿位，結果他們沒有回覆我。我就覺得不能去啦。所以我在想，這會不會跟我在夏威夷大學出版的論文，讓他們很不高興，他們說歡迎我來，是要向 D. Chappell 教授有一個交代，不好拒絕呢？後來我就不能去啦！因為沒有足夠的錢在那邊做半年的研究。後來我到名古屋大學宗教與文化研究所做了半年的研究，他們有提供我宿舍。這問題就這樣處理了。所以日本人也有不老實的地方，你歡迎我來，那你要考慮一下來回機票，住半年的費用呀！

四、法數

吳汝鈞：我們下面先講一下所謂法數的問題。在一些主要的觀念，或者是人的名字啊，裡面有數目來表示，這就是法數。譬如說我們講新儒家熊十力，這十力就是一個法數，一二三四五六七八九十，十力是那十個力量，這個名字就是一種法數。然後牟宗三也是一種法數，宗三的「宗」是歸宗於，是歸順於「三」，什麼是「三」，他的名字裡沒有說清楚，那個「宗三」的名字，也是一種法數。可能是天、地、人三才吧。法數這一種表示方式在佛教裡面非常流行，我這裡可以舉出一些，因為接下來，我們講智者大師的天台學的時候，就會碰到法數的問題。比如說他講一心三觀，這個三觀是法數，一心也是法數。再有就是一念三千的「三千」和「一念」都是法數，這種講法在佛教裡面很普遍、很自然。

我這裡提一下，天台宗提出法數表示某一方面的義理。智顗提出判教說，根據佛陀說法的不同內容，把佛教義理分為四類。這種分類稱為「化法四教」，它們是：藏教、通教、別教和圓教。藏教、通教、別教和圓教這四教很明顯地是一種法數。然後就是三諦：空諦、假諦和中諦也是法數。還有四句，我們可能不是那麼熟悉；四句表示真理的四種方式：肯定、否定、肯定加否定，不是肯定也不是否定。第一句是肯定，下來第二句是否定，第三句是肯定加否定，第四句是不是否定也不是肯定。這種講法在佛教裡面，特別是在中觀學與天台學非常普遍。從一開始天台宗有講一實諦，是講終極真理。「諦」是真理；「實」是實實在在的，不是虛妄的；這個「一」，你可以說是普遍性的一，不一定是數目的一。他提出這個「一」是一種絕對的、超越的真諦，就是終極真理。再有就是二諦，是假諦和空諦，或者是俗諦跟真諦，這是有關二的法數。然後是三諦，就是假諦、空諦和中諦，這也是天台宗常常講的法數。然後是「四」，我們剛才提過四句，就是肯定、否定、肯定加否定，然後第四句是不是肯定也不是否定。還有佛教裡面所講的四弘誓願：眾生無邊誓願度，煩惱無量誓願斷，法門無盡誓願學，佛道無上誓願成。佛教辭典就有這四弘誓願。然後是「五」，他們提出「五」種三諦，這三諦就是我們剛才講過的，五種是對於三諦做再進一步展開。然後是「六」，六入指六種器官，眼耳鼻舌身意，是唯識學常常講的六種感覺器官。本來這個「意」，不是跟眼耳鼻舌身在同一個層次，不過他們把這「意」也放在裡面。然後有天台學的六妙門，所謂「妙」，是一種有辯證意義的途徑。六妙門的「門」，就是方法。然後是「七」：七重二諦，二諦講俗諦和真諦，有七種不同的說法。然後是「八」，其中有八正道，原始佛教所提出的八正道，釋迦牟尼當年成佛所提出的方法就是八正道。正就是正確的，不是虛妄的，而是真實的；道就是方法。然後是「九」，九界眾生。在佛學裡面，講十界，所謂十界，哪十界？

王明翠：十界包含佛界、菩薩界、緣覺界、聲聞界、天界、人界、阿修羅界、畜牲界、餓鬼界和地獄界。

吳汝鈞：餓鬼，做鬼也沒有辦法吃飽啊！四聖、六凡，四聖是最先的前四項；六凡是後面六項，天、人、阿修羅、畜牲、餓鬼和地獄。我們可以看到了一二三四五六七八九十，他們都通過法數來了解。日本的學界跟西方的學界都是強調這種法數，尤其是「三」和「四」那種法數。

我們剛才講「六」的法數，還有一個法數沒講，就是唯識宗所講的種子六義。種子六義就是提出六個方面，來講種子這存在的根本的源頭，種子六義是哪六種啊？我們以前有講過，哪六種啊？第一種剎那滅；第二種恆隨轉；還有呢？

王明翠：果俱有。

吳汝鈞：果俱有；性決定；待眾緣；然後？

王明翠：引自果。

吳汝鈞：對！引自果。你的記性很強。真的很棒！1.剎那滅；2.恆隨轉；3.果俱有；4.性決定；5.待眾緣；6.引自果，就是這六義。這些法數，像這種講法在佛教裡面是非常普遍的。

張子妍：十二因緣也是。

吳汝鈞：對！天台宗的荊溪湛然注釋《法華玄義》所說的迹門十妙，而立十不二門（色心、內外、修性、因果、染淨、依正、自他、三業、權實、受潤十種不二門），最後以之歸于一念之心，展示觀法的大綱。

五、判教法

吳汝鈞：下來講一些基本上是從法數表示出來的實踐真理的方法。最重要的表現在判教裡面。什麼叫判教呢？判教就是要確立一種講法，對佛教種種學派所提出的教理或者是義理，做一種全面的安排，給他們一個適合的位置，把它們判斷為都是從屬於釋迦牟尼的基本思想。從地理這一方面來說，佛教發展在印度東北，靠近恆河下游，釋迦牟尼活動的地方，基本上就是在恆河的附近，加爾各答附近。佛教的發展往南北方面展開，向南經過印度的東南面發展到錫蘭，再從斯里蘭往外發展，到達中南半島泰國、緬甸、馬來西亞那些地方，發展為小乘的教法，也可以說是南傳小乘。然後再往北發展，傳到中國，成為大乘佛教。然後再往西北發展，成立西藏佛教或藏傳佛教。西藏佛教有兩個來源，一個是從印度本土往北發展，另外一個是由中國再傳到西藏。佛教在印度來講，語文是梵文和巴利文。在西藏則是西藏文。

玄奘當年取經，是順著絲綢之路那個方向，到了印度北面，所以也有絲綢之路的佛教，然後又有蒙古的佛教。在中國佛教這一方面，又往東傳播，傳到韓國，又傳到日本，然後從日本再發展，傳到歐美，成為歐美的佛教。所以佛教的發展從地理來講非常多元。經過兩千多年的時間，佛教就發展出種種的不同教派的佛教。如果我們以一種護教的態度，來做一個判定，讓人家知道佛教這麼多方面的發展，從歷史的，從地理的這樣多方面的發展，發展出不同教派的佛教的義理，我們要怎麼樣用一種判教的方式，把不同地區不同時間發展出來的佛教，統合在釋迦牟尼的教法之中，讓不同教派的佛教的義理，中間沒有矛盾，都可以聚合在一個總的判教的系統下面，歸一到釋迦牟尼的原始佛教基本的精神跟基本的內涵，做這麼一種系統的處理，就是判教。儒家一樣，儒家一樣有儒家的判教，我們如果以一種護教的立場來統合先秦儒家、宋明儒家和當代新儒家這三個階段儒家的發展，把它們都一一歸納到孔夫子的基本的儒家思想裡面去，也是一種護教，也是一種判教。

先秦儒家是孔夫子創造的，在他下面有哪一些比較傑出的優秀的發展呢？四書：《大學》、《中庸》、《論語》和《孟子》。《論語》代表孔夫子；《大學》、《中庸》和《孟子》是從孔夫子的《論語》發展出不同的學派的內涵。到了宋明，宋明儒學現在很多人都在研究，結果就有很多不同的講法。一般來講最典型的講法就是程朱一派，陸王一派。牟宗三出來提出三個階段，三個面向，就是三系。一系是程朱系，另外一系是陸王系，另外再有一系是周濂溪、張橫渠、程明道、胡五峰和最後的劉蕺山這五個人，這是第三系啦。另外，勞思光又提一系說。

我們這裡進一步談智者大師的判教法。他怎麼判教？他通過什麼方式，把佛教的種種教派的義理，做一種有系統的處理，把佛教學派的講法會歸到釋迦牟尼作為一個教主的思想裡面呢？他基本上把佛教看成為是四個方面的發展，而提出佛教的學派分四個支派。就是你接受了釋迦牟尼的教法，往前推進，把這四派的主要思想、義理，怎麼樣在四教裡面顯示出來，最後把這一切教法概括在他自己的那一套天台學裡面去。這是某一佛教的教派發展到某種的程度，就會有一種判教的做法。就是說怎麼樣通過一種全面的整理和了解，把釋迦牟尼的原始的講法往外發展，發展成為不同的教派。

不同的教派，基本上它們有相互不一樣的地方，可是它們是要通過一種說法，把這不同的教派，它們所提出的一些佛教的義理，放到釋迦牟尼的系統裡面，而不會有矛盾，不會有互相衝突。最後要把自己的教義，通過教派的判別，把自己的宗派所發展出來的教理，綜合不同的教派所提出的那些義理，對這些義理做一種組合。這個判教很重要。第一把釋迦牟尼的教法繼續發展，視這些發展基本上是從釋迦牟尼的教法發展出來。接下第二是在這種判教的活動裡面，把自己的教法往前推進，讓它成為不同教派的學問的最後歸屬。這兩點非常重要。

我們現在就講智者大師的判教內容。在這一方面可就兩點來說，第一點是從總的一個系統來講，他所瞭解的那個終極真理，是通過哪一個概念或哪一個觀念展示出來，再看他提出怎麼樣去實踐、體證佛陀的這種真理。對終極真理要怎麼了解？他提出什麼方法，讓人依循這方法進入這基本的真理或釋迦牟尼的基本義理，然後再看這種處理的方法是什麼性格的。

關於判教的問題，我們想一點一點說出來。我們瞭解天台學，最後、最高的教理是怎麼樣。我們先看智者大師怎麼樣看待不同的教法，他所注目的是哪些教派和哪些文獻經論，他整個判教的內容是怎麼樣。下面我們就詳細考察他所提出的藏教、通教、別教和圓教的判教法。

從文獻方面來講，這藏通別圓四個教派，在哪些經論裡面，哪些文獻裡面，看到他們的不同的主張呢？

第一是藏教，他認為強調藏教的那些文獻基本上可以從《阿含經》裡面看到，「阿含」就是一些文獻的總和的講法，有幾種不同《阿含經》。一種是《長阿含經》，下來就是《中阿含經》，再下來就是《雜阿含經》，最後是《增一阿含經》。

第二是通教，通教涉及什麼文獻呢？它所涉及的具體的思想是般若思想和中觀學，重要文獻有《心經》、《金剛經》、《大般若經》和《中論》。

第三是別教，它的教理可以在唯識宗文獻看到，又可以在《大乘起信論》裡面看到。《大乘起信論》裡面所講的一些教理，是比較全面的、深入的，它本來被視為是馬鳴菩薩寫出來的，可是就《大乘起信論》所講的內涵，不可能是在馬鳴那個時代、那個階段發展出來的，因為它包裹很多在馬鳴之後所發展出來的思想。馬鳴那個年代還是比較早的，可是《大乘起信論》所講的那些義理，都是比較後來才發展出來，不可能把它看成為是馬鳴那個年代所能夠發展出來的。不過，這作者的問題，暫時不討論。就是說別教所涉及的佛教文獻，主要是唯識學跟《大乘起信論》。

最後是圓教，在智者大師的心目中，圓教是佛教發展到最全面、最有廣度和最有深度的那一套思想。代表這種思想的經典，一是《法華經》，一是《涅槃經》，還有其他很多的文獻，不過以《法華經》跟《涅槃經》最重要。

現在看這四教所強調的終極真理，它以什麼觀念來說終極真理。藏教跟通教所瞭解的終極真理是空，一切法都是緣起生成的，沒有獨立的實在性。別教和圓教所提的終極真理是中道。中道跟佛性是同一的。中道就是佛性，所以叫中道佛性或者佛性中道。

在這裡我們處理了四教對終極真理的文獻學或者是文字上的依據。圓教這個中道跟中觀學、般若思想所講的中道不一樣。藏教跟通教所講的終極真理是空，概括性比較窄。如果我們只通過緣起性空來講空的話，這終極真理的內涵是比較弱，可以說是比較空疏，不充實飽滿。如果你以別教跟圓教所講的中道來說終極真理，那中道的意思就比這個空的意思更有深度，更有廣度。因為智者大師強調中道就是佛性，而佛性是大乘佛教裡面一個非常重要的觀念。印度佛教發展到如來藏思想的時候，已傾向把這中道等同於佛性。

再進一步來講，這四教用什麼方法來體證終極真理呢？藏教所講的終極真理是空，怎樣去體證這個空呢？它強調析法入空。「析」就是分析，析離，析法入空的意思是通過一種分離的方式，把整個對像拆掉了，看到什麼都沒有，這便是析法入空。我們可以舉一些現實例子，比如說一部汽車，所謂析法入空就是把這部汽車的零件一件一件拿掉，汽車不是有很多很多零件嗎？裡面有座位，上面有車蓋，然後下面有輪子，還有很多很多的零件合成的，如果你把這些零件一件一件拿掉，最後這部車不見了，沒有了，這就是空。他們是以這種方式來體證空這一終極真理。這種體證的方式，有一個不能避免的難題，就是你要把汽車零件一一拿掉，看到什麼東西都沒有，這便是空。這種體證的方法，有一個很不好的結果，你為了要理解這部車的空的性格，要把所有的零件一件一件拿掉，最後就一無所有。

張子翎：請問在哲學方面，有類似於解構嗎？

吳汝鈞：解構，對啊。你用解構的方式，把整部車從有變成無。你為了了解這空的真理，破壞那個對象，解構那個對象，才能體證真理。

張子翎：等於是 180 度的轉變。

吳汝鈞：你是通過破壞的方式來理解，來體證這空的終極真理。這是藏教所提出的析法入空啊。這自然有它的毛病。然後到了通教，還是以這空來講他們的終極真理。這個方法，不是析法入空，而是體法入空。所謂體法入空就是說你不破壞這個對象，不需要把它析離，你就是通過一種體法，這「體」字要怎麼了解？就是通過一種體會的智慧，不用析離那對象，只是把對象 embrace（擁抱），英文就是 embrace 對象，就能夠體證到它的本性是空，這就是體法入空。這是通教提出的方法，它較析法當然好很多。析法是把對象解構掉；體法入空是 embrace 這個對象，當下就能夠體證到它是空的，不需要析離這個對象。然後到別教跟圓教，它跟前面通教和藏教體證終極真理不一樣，他們所講的終極真理不單純是空，而是中道。又強調這中道就是佛性，以這中道或中道佛性為目標來體證終極真理。在形態方面，別教體證終極真理的方式是歷別入中，歷別就是通過不同的階段，歷別地一個階段一個階段這樣做下去，最後就能夠體證到中道，它不會破壞對象，最後可以體證到這個對象的性格，就能夠體證到這中道或中道佛性。最後是圓教，智者大師提出的方式是圓頓入中。圓頓就是一剎那，不需要一個階段一個階段這樣發展下去，不必花很長的時間才能夠體證到終極真理，一下子便能承辦了。

智顗大師提出這四教，一方面可以把釋迦牟尼下來發展出了種種不同的教派，藏通別圓這幾種不同的教派的義理陳列出來。他們所發展出來的義理，全部都可以放在釋迦牟尼的基本的義理發展出來的範圍裡面處理。最後把天台宗所講的圓教，以中道佛性作為終極真理，塑立成為全部佛教教派所發展出的教法的最高標準，最高目的。

這裡我們可以提出一個問題：佛教發展到天台宗的圓教，通過圓頓入中的方式來體證終極真理，是發展到了最後的那個階段了。那唐代以下，佛教繼續發展要怎麼了解呢？是不是重複藏通別圓幾種教理呢？智者大師是隋煬帝那個年代的人，那後來呢？唐代、宋代、元代、明代、清代和近現代，佛教還是有人繼續講下去，他們的講法當然不能跟圓教智顗大師發展天台學的水平相比，因為那圓頓入中就是最高的教理。佛教裡面到了最高的階段，就是智顗大師創立的這個天台宗，這圓頓入中的層面，最高無可再高了。那下來那些發展，怎麼看呢？所以在這裡是有一個很嚴重的問題啊！像黑格爾提出精神現象學，他說精神的發展，最初由東方的中國升起，然後往西移動，移動到印度，再由印度發展到羅馬，最後從羅馬發展到日耳曼。他那套精神現象學，已經到了最高的階段：日耳曼那個年代。德國觀念論時代，是黑格爾生活的時代。這裡有一個非常嚴重的問題：精神的發展從東方起來，像太陽從東方升起，經過中國發展到印度，然後到了希臘、羅馬，最後發展到德國日耳曼，尤其是黑格爾自己那套精神現象學，是最圓滿的發展。黑格爾以後，精神的發展繼續不斷的往前進。如果把黑格爾這套精神現象學看得最高的時候，下面還有很多哲學家提出很多哲學的理論，怎麼處理呢？東西方哲學思想的發展，西方到了黑格爾發展到最高；東方智顗大師發展出天台學到了最高的階段；那往後怎麼算呢？如果是發展到最高時候我們也不需要再講下去，好像黑格爾那套精神現象學跟智顗大師的天台學的教理，已經是最完美的階段，那往後就不用發展麼？可是實際上在歷史上是有這些發展，你怎麼樣去看這樣的發展呢？這個是很大的問題。

張子妍：佛教所講的末法時代，是這個意思嗎？

吳汝鈞：末法時代，不是。末法時代是發展到某一個階段不能再進了。跟剛才我講的有點關係。可是末法時代只有日本佛教提出來，在中國佛教和西藏佛教都沒有提出末法這個概念。我剛才提的那問題，判教到了最後，你把最後的、絕對的真理完全確定下來，那你就很難交代往後發展的情況，所以這裡就有一個嚴重的問題。是不是我們就不需要發展和判教呢？一言以蔽之，在圓教中，一切都臻於最完美的水平。

六、中道佛性的性格

吳汝鈞：我們人生的目的就是要了解真理是什麼。我在這裡強調一點：真理是決定方法，你對真理有什麼了解，你就在生活上實踐、體證這個真理。因為觀念是先於方法，所以不能說方法是什麼，然後才去看真理是什麼，這是不合情理的。天台宗所提到的真理就是中道佛性，在真理方面強調它的性格，了解了這基本的性格，我們便要探求在方法上怎麼去體證這真理。有關終極真理的性格的問題，天台宗所講的真理就是中道，又強調這中道等於佛性。所以我們在這裡先看看中道佛性有什麼性格，然後再處理實現終極真理的方法的問題。

真理有三個性格：第一是常住性。中道佛性的存在有常住性，不是剎那生滅的性格。若說某個東西有剎那生滅的性格，那它就沒有常住性。因為每一剎那都在順著生滅發展下去，所以不能說常住性。天台所講的中道佛性，第一性格就是常住性。所謂常住，是它作為精神的主體，在超越方面，有它的常住性，而不是生滅法。我們通常強調我們有一種精神的存在性，這個精神的存在性主要通過法身來了解。我們通常說「身」有兩個層次：一層是色身，這是剎那滅的，沒有常住性；另外一層是法身，這跟色身不一樣。法身是終極真理的身體，它不是物質性而是精神性的身體，有常住性。法身有常住性，而中道佛性是通於法身的。

中道佛性的第二種性格就是有功用性。所謂功用就是它有一種活動，它不是靜態的。我們通常說及終極真理，通常有靜態的狀況。像柏拉圖所講的理型（idea），就是一種終極真理，可這沒有動感，它是一種靜態的東西。理型存在於理型世界，不是存在於現象世界。我們現象世界的種種存在，它的標準形態，它所模仿的真理，在形而上的世界，在理型的世界。我們現象世界種種事物模仿理型，後者存在於理型的世界。天台宗所講的中道佛性不是柏拉圖所講的理型，這裡有明顯的分別。理型是靜態的，只是作為現象界裡面萬事萬物模仿的模型，它不是活動的。理型世界裡面所有的東西都是超越的，不是現象的，不能動，沒有作用的。天台宗所講的中道佛性是有動感性的，這種動感性的東西是有作用的，它能夠引領我們現象世界種種事物的生成。比如說這個眼鏡，眼鏡是現象世界裡面的一種存在，這個眼鏡從外面看，它有一種樣子，這種樣子有它的抽象的形象，這抽象的形象就是柏拉圖所講的理型，它存在於理型世界。我們現實上有很多眼鏡，這些眼鏡的狀況是這樣子，它不會變成另外的形狀，因為它是模仿理型世界裡面眼鏡的理型而構成的。中道佛性跟理型一樣，都是超越性的，可是這裡有一點很重要的分別，理型是靜態的，它只能待在理型的、形而上的世界，不能下降到我們現實的世界去創作、生起種種不同的事物。基督教的上帝有創造性，是世界萬事萬物的創造者，是有動感的，理型則沒有動感。所以基督教的上帝的世界跟理型的世界不一樣。然後東方，比如儒家所講的天道、天命、天理、良知通通都有動感，有創生萬物的動感。

周博裕：上次老師講到天台宗的道理是不是有提到心即理？

吳汝鈞：中道佛性，佛性相當於心，中道相當於理。陸王學派裡面就有講心即理的一體關係。在佛教裡面也有講心即理這種觀念，可是它講那個心是以佛性來講，理是以中道來講，中道就是佛性。這種關係，從儒家的脈絡來講，就是心即理，不是性即理。因為性跟理是沒有動感的，跟心即理不一樣。心即理跟性即理最顯著的分別就是性即理沒有動感，心即理則通過動感這麼一種態勢而形成的。

周博裕：天台宗講心即理的形式，這種形式是不是有點被動的形式，不像儒家陸王講四端有自動、自力的形式？像佛家講怎麼去離苦得樂，這離苦得樂跟惻隱是不一樣的，惻隱是自然發生，而離苦得樂感覺就有點被動，要經過一個轉彎？

吳汝鈞：離苦得樂也有主動性。就良知而言，孟子所說的惻隱之心，表示人有一種惻隱的主體性，它是有動感的，而且是當下表現出來。離苦得樂不能說它不是充實的行動、行為。離苦得樂包括苦跟樂兩個概念，這兩個概念有對反的關係。離苦得樂在生活上，是要追求的一種目的，我們生活上要尋求、要實現的一種理想。

周博裕：譬如我們看見現場要發生車禍，如果用儒家的想法，惻隱之心馬上會衝過去，沒有任何考慮。但如果用天台的想法可能不太一樣，變成不是以惻隱之心出現，可能要拐個彎，所以說儒家跟佛家那個形態應該不太一樣。

吳汝鈞：佛教的離苦得樂不是直截的活動，而惻隱之心是直截的活動，不用考慮。比如一個小孩快被車子撞到，你就馬上衝過去救他，把他拉回來，這種活動，是直截的。人的惻隱之心是沒有思考，它就是一種即時的活動，沒有考量，沒有分別的。可是離苦得樂是有目的的，它會考慮到苦跟樂的分別，然後思考怎麼樣才能離苦得樂，也可以說它是一種思考，一種分別。

宋松山：西方倫理學裡面有義務論和效用論，像直覺本性有點像義務論，就直接反應。那離苦得樂有點像效用論、效用主義，因為它考慮到後果，後果是快樂還是痛苦等等。

廖冠威：離苦得樂算是一種覺悟嗎？就是我的佛性種子已經發出來了，緣分已經成了，就決定要邁向離苦得樂的這條路，擺脫種種妄念，開始實現功夫，達到得樂的境界、涅槃寂靜的境界。這樣算是一種覺悟嗎？

吳汝鈞：我想不能說是一種覺悟。離苦得樂是一個目標，在日常生活裡面，我們通常都有一個目的，在離苦得樂這一點來講，它就是一個目標。它裡面涉及多方面的問題：苦是怎麼樣，樂是怎麼樣，這個苦有沒有永恆性、常住性，這個樂有沒有永恆性、常住性，這就不一樣。我們一直強調，在苦跟樂兩種不同的生活方式，在日常生活裡面，苦跟樂是兩種不同的感受。苦跟樂的位置是對等的。我們曾提過一個例子，像打籃球，如果你喜歡打籃球，你參加籃球比賽，比賽到半個鐘頭，打籃球可以說是一種樂趣，可這種樂趣是有限度的。就是說若不到這種限度或者超過這種限度，你都覺得不舒服、不過癮的，只有在那個限度以內你才覺得快樂。你打籃球只打半個鐘頭就打完了、不打了，你開始感覺到快樂，但你覺得好像不過癮，這就是苦的。讓你再打下去，打到兩個鐘頭，就是打籃球打半個鐘頭打到兩個鐘頭，在這種限度裡面，你是感覺到快樂的，心情很充實、飽滿。可是要你繼續打下去，你的身體是有限制的，到了某種程度，就會覺得疲累，覺得有點辛苦，要休息，不想打下去。你如果一直打下去，就會覺得很疲累，到最後，你可能會暈倒在地上，這就是苦。所以所謂樂跟苦是兩種不同性格的感受，苦有恆久性，樂是暫時的。我想我們用這個例子來看苦樂問題，就比較容易理解。另外你提到佛性種子，佛性是無所謂種子的。種子只在唯識學中說。

王明翠：儒家說惻隱之心，人皆有之，我們可不可以理解這種惻隱之心是人的品質，是人品好的特徵？佛家說離苦得樂，是針對實踐性說的。我們如何能得到所謂「樂」的境界？想要得「樂」，就要離開所有的苦痛煩惱，這樣子我們才得到「樂」的境界、得到解脫。所以說佛家跟儒家所強調的方面不一樣，佛家所謂「樂」就是解脫的意思，它是強調實踐、方法性的方面。而儒家的惻隱之心，是強調人的品質、道德和人性良知。

吳汝鈞：惻隱之心，是每個人都有的。這跟苦樂不一樣。苦跟樂中間某個階段，在這個階段裡面才是樂，沒到這個階段或過了這個階段都是苦，還是有分別的。惻隱之心是沒有階段性的，不管什麼時候，當你遇到這種情況，你的惻隱之心就會出來，它會驅使你進行某種活動。像那個小孩，這裡面就沒有時間上的分段，就是你一看到有這一種情況，你的惻隱之心就馬上生起，然後引導你進行某一種活動，趕快把那個孩子拉回來，這是沒有時間性的，永遠都是這樣。樂不是恆久的，只限於你在那種活動裡面從某個時間點到另外一個時間點，從半個鐘頭到一個半鐘頭，這個階段，你是覺得快樂，沒到這個階段或者超過這個階段，你在前者會覺得不足，在後者會覺得沒辦法承受，所以這裡還是有分別的。

周博裕：如果說人看到一個小孩在馬路上發生問題，惻隱之心馬上去救他。但如果用天台離苦得樂的想法，還是要繞了一圈，還要想一想，因為惻隱之心是當下就有，是同時發生的。

吳汝鈞：我想天台所講的是一種宗教的行為，孟子所講的那個例子完全是一種道德良知的問題。

周博裕：如果這樣講，佛教的境界跟儒家來講，是不是差了一點？

吳汝鈞：孟子所講的惻隱之心，是完全沒有時間上的分隔，你看到這種現象，就衝過去把他拉回來，這裡面沒有考量，沒有利害方面的考量。佛教所講的離苦得樂，問題就比較複雜一點。

周博裕：如果道家看到這種情況，他的態度會怎麼樣？

吳汝鈞：你如果從自然無為的面向來看，道家也不見得跟儒家的惻隱之心一樣。道家有它的思想脈絡，不見得跟惻隱之心的行為一樣，會馬上做出臨時、突然的反應。儒家是沒有考慮的立場，沒有思考，沒有分別，沒有利害考慮，他就這樣做。

劉珏伶：我想離苦得樂一定要思考過才會這樣做。但惻隱之心，我自己的體驗覺得，不見得人皆有之，它完全是沒有思考是真的。佛家也不是說低於儒家，只是說追求的背景不一樣而已。

吳汝鈞：我想儒家所提的惻隱之心會馬上出發，表現某種行為，這中間沒有考量，沒有分別。可是佛教所講的一切眾生皆有佛性，跟道家所講的道心，是不是能夠馬上驅使你去展示某種活動，中間是有不一樣的。再者，佛教講佛性，應該在慈悲心方面說。這種心可能會引發出即時的行為。

周博裕：如果這個問題套進純粹力動之中，純粹力動會不會跟惻隱之心一樣？

吳汝鈞：我寫《純粹力動現象學》那本書的時候，沒正面回應這種問題。從純粹力動現象學這個脈絡來看，這個超越的力動會怎麼樣處理儒家的良知、佛教的慈悲等，我沒想過，往後我會在這方面多做一些功夫。

王明翠：像儒家所講的惻隱之心，如果要跟佛家、道家比較的話，我們可不可以從佛家所講的菩提心跟道家所講的道心進行比較呢？具體的話可以從一個小孩快被車撞倒的例子來觀察這三種「心」。以儒家惻隱之心來講，可能沒有經過考量，會馬上衝過去救人。以佛家所講的菩提心，佛家會怎麼做，道家如果以道心講的話，道家又會怎麼做，我們可不可以從這三個方面做個比較呢？

廖冠威：我覺得這個問題情境兼涉到道德優位性的問題。儒家當下直接衝出去是其道德心發揮了；同理，如果佛家跟道家也同時衝出去的話，那我們需要考慮的是他們是在什麼樣的問題意識下這樣做。如果他們兩個都衝出去是基於他們的良心的話，就代表儒家所謂的人性本善是落實在所有眾生上的。如果不是的話，他們都衝過去了，我們要考慮的是這道心跟菩提心發揮了什麼樣的作用，因為道家跟佛家所追求的終極理想跟儒家不太一樣。所以他們做這些行為，假設他們都做了，我們要考慮的是他們是基於什麼樣的心去做這些事情。如果儒家做了，道家跟佛家沒有去做，那又是什麼樣的情況。我覺得要先把這個問題釐清，看他們是不是站在儒家道德優位性的立場上去行動，或者是他們不是從良心這方面去行動，而是有其他的原因，要先分清楚。因為道家追求的是真人跟至人，佛家追求的是涅槃寂靜的境界，好像都跟道德沒有什麼太大的關係。

周博裕：其實儒家講惻隱之心，不是只有講惻隱之心，而是講四端的，它還有是非之心等等。比如說我看到人掉到河裡頭去，如果我不會游泳，我去救他會死掉的。我看到他掉到河裡頭，我救不了他，我趕快去找警察或找人來幫忙。所以這是四端之心同時用，惻隱之心當然很重要，但人是有四端的。

吳汝鈞：這裡面涉及的問題就是儒家的惻隱之心、佛教的菩提心、道家的道心。對於同樣的現象，有人快要掉到井裡頭，在這個緊迫的關頭，儒家的惻隱之心發動，馬上衝過去把小孩拉回來，這種做法，我覺得比較好理解。但如果從佛教的菩提心跟道家的道心來講，這種現象會不會驅使你馬上衝過去把小孩拉回來，這個問題我想要做一些研究。儒家的惻隱之心是沒有問題，可是佛教的菩提心跟道家的道心，如果遇到同樣的問題的時候，佛教徒跟道家信徒會怎麼做。當我們說道德關懷的時候，在這個問題上，儒家，尤其是孟子在這點上沒有問題，馬上進行某種行動。如果菩提心跟道心面對這個事件，他會怎麼做，對於這個問題，在佛教、道家裡面，好像沒有討論過。這個問題不簡單，我也沒有很細心想過，（對周博裕說）你可以寫一篇文章，探討這個問題。

周博裕：好的，我試試看。

吳汝鈞：中道佛性三方面的性格，一方面是常住性，因為它是精神的主體性，是法身，所以不是生滅法。第二種重要的性格是功用性，它是一個能動的主體性，不停發揮功用，在我們現實人生裡面，進行種種不同的活動。這功用性是他們文獻上的字眼，後來又把這個功用分出來，「功」就是自進，「用」就是益物。「功論自進，用論益物，合字解者，正語化他。」這是很精簡的文獻的依據，是講終極真理的。「功」是自進，是指自己內部的進修，「用」是往外發用，就是益物。「益」是利益、有益，「物」是一般的要作用的對象，增益的對象。「合字解者」，即兩個功用合起來，「正語化他」的「化他」就是渡化其他的眾生。這是智顗大師的《法華玄義》裡面講的。《法華玄義》是智顗大師解釋《法華經》的義理的巨著。這也是大乘佛教跟小乘佛教不同的地方。小乘只是渡化自己，只有自渡，沒有他渡，大乘佛教強調普遍的渡化，包括自渡跟他渡。

《法華玄義》中有另外一段文字，是：「當教論中，但異空而已。中無功用，不備諸法。」裡面講的「當教」的「教」是通教，是他的判教裡面講的藏通中的通教。「中」，「但異空而已」，指通教裡面講的中道，只是在字眼上不同於空而已。它的問題是「中無功用，不備諸法」，第一點是這通教的中道，是「中無功用」，這個「中」沒有動感，沒有功用。「不備諸法」，另外一個問題是它對諸法的存在，沒有包含在裡面。所以這裡他提出兩點來批評通教。說通教講的中道，只是跟「空」有點不一樣，名相不一樣。它的問題是「中無功用，不備諸法」，就是這個中道沒有功用、沒有動感，然後「不備諸法」，對於種種存在，不能涵蓋、沒有諸法的內容。天台學這裡講中道佛性「備諸法」或者具備諸法，意思有三方面：第一就是中道佛性是以法性來講佛性，佛性就是法性。這法性內在於種種法、種種存在中，即是說中道佛性不離開一切法來成立，它具備一切法。另外一個意涵是中道佛性具足於諸法裡面，你在諸法裡面看到它們具有中道佛性的內涵。第三方面是，這個法是法門。法門是一種體證終極真理、體證中道佛性的一種法門。法門就是一種方法，所以這中道佛性具足一切法門，體證終極真理的種種法門，種種法門內在於中道佛性之中。

所以中道佛性有三方面的性格。第一方面是常住性，第二方面是它有功用性，有動感，第三方面是具足諸法。這具足諸法像我剛才提到的，有三面意味。在這三種性格裡面，最重要的是功用性。功用性為什麼這麼重要呢？就是說中道佛性作為終極的真理，它本身就有功用，就有一種動感，或者是力用。在這一點上，它超越佛教其他想法，強調這終極真理的動感，它是一種活動，不光是一種概念，而是有那個動感。我們如果拿其他哲學來講這種功用性，哪一種哲學強調真理有功用，哪一種哲學不講終極真理的功用，哪些觀念有動感，哪些觀念沒有動感？有動感的話，像基督教所講的上帝就有動感，比如說上帝造人的時候，祂在地上抓一塊泥土吹一下，人就造出來了；然後將那人的一根肋骨拔出來，再對它吹一下，就有一個女生造出來。所以上帝造人，有功用性，能夠創造男生女生，這表示基督教所強調的上帝有功用。儒家所講的天道、天命、天理、良知，也有功用性。天道天命天理良知，它不光是一種概念，它有創造宇宙萬物的功能，這就是儒家所講的功用性。另外，哪些哲學不講功用呢？就是剛才提到的柏拉圖的理型。這理型作為形而上的觀念，它只是一種觀念而已，它沒有功用，沒有創造宇宙萬物的功能，它的性格基本上是靜態的，不是動感的。這點在形而上學裡面看非常重要，通過動感這一點，我們可以批評柏拉圖的理型，作為一種形而上學的觀念，它不具有功用性，它是靜態的，沒有動感性，所以它有不好的一面。如果做個比較，就能夠了解智顗大師所強調的中道佛性，他所講的功用是什麼意思，什麼作用，在哲學上，在形而上學方面，它的優點在哪裡。

從天台宗來看柏拉圖的理型，那就是一種動靜的對比。理型是靜態的，中道佛性是有動感的，它能產生種種作用。終極真理最重要的一個問題就是終極真理有沒有動感。沒有動感就是靜態的終極真理，它對經驗世界種種事物沒有創造的作用，這跟儒家所講的天道天命天理良知不一樣，儒家所講的這幾個東西都有動感，都能夠創生萬物。然後天台宗《法華玄義》裡面所講的作為終極真理的中道佛性，它是有功用的，能夠活動，創生萬事萬物。這裡天台宗所講的中道佛性的內涵的性格就是這樣，這是觀念上的問題。下一步就是對於這終極真理，通過什麼方法來體證。終極真理不是拿來做研究的，不是拿它來講的，而是拿來實踐的。

七、一心三觀

吳汝鈞：天台宗的實踐方法，主要提出一心三觀，還有三諦圓融。因為三諦圓融的基礎還是在一心三觀，所以我們就主要探討一心三觀的實踐方法。這方面，我們首先要清楚一心三觀的「觀」。這個「觀」的實踐方法，就是對空、假、中三方面做一種探究，不是我們一般所想到的認知。西方哲學講的認識論或知識論，都是採取一種對對象做一種知識論或認識論方面的處理，對於要認知的東西當成一種客觀的對象，然後由我們知性或感性，特別是知性來做一一的處理，這是西方哲學知識論或認識論方面的講法。天台的一心三觀的「觀」不是從認識論的角度來講這個「觀」，而是在比較高的層次來了解「空、假、中」，而且對「空、假、中」三方面做了解的時候，沒有先後的依序。不是先觀空，再觀假，再觀中道，沒有時間上的次序，分開來做觀照。「觀」通常我們要翻譯的話，就是 contemplation。它的動詞 contemplate 是從活動來講，就是 contemplation，不是西方哲學的知識論的理解（understanding）。Contemplation 跟 understanding 不一樣，contemplation 是比較深一層的觀照，而 understanding 是從一般我們了解外界的對象所作的認知，把對象看成為一種客觀外在的東西，通過我們的感性、知性，做一種知識論的了解。這是把對象看成為一種現象，對這現象做一種客觀的邏輯的、存有論方面的了解，這是西方的知識論的了解方式。可天台宗所講的一心三觀不是這個意思，而是在比較深一層的觀照（contemplate）的認知。這種認知跟觀照是分開的。認知是西方哲學所講的，特別是康德所提出的，天台宗所講的一心三觀，這種觀所觀照的對象，可以說是作為物自身的對象，不是作為現象的對象。對於現象的對象，我們用感覺、知性來認知。可天台的這個「觀」不一樣，它對於「空、假、中」做一種比較深層的認知，所認知的是在對象背後的物自身。在這種觀照上面，所依靠的機能不是感性也不是知性，而是睿智直覺（英文：intellectual intuition，德文：intellektuelle anschauung），牟宗三把它翻譯為：「智的直覺」，我自己有另外一種譯法「睿智直覺」，這是我們通常講的對對象、現象方面背後所謂物自身做一種觀照，做一種有睿智性的了解。這個「睿」表示它的層次比我們一般所講的認知不一樣，它是比較深的層次，所了解的是事物的物自身，事物背後所隱藏的物自身，這不是對象（object），而是物自身（thing in itself）。天台宗所講的一心三觀，這觀不是認知的方式，是睿智的直覺。我們通常所說的認知，是了解對象的客觀的、有時空性的東西，一心三觀的觀不是這種認知的方法，而是指有睿智的特性的直覺。我們用睿智直覺來了解對象的物自身，這物自身跟對象不一樣。現象跟物自身不是同一層次的東西。現象是表面的，物自身是比較內層的，是對象本來的自己。

進一步來講，現象有時間性、空間性，物自身超越時間跟空間，沒有時空的性格。在一心三觀裡面，被觀照的空、假、中這方面，天台宗對空、假、中有深一層的說法。以空觀來講，空觀不是單獨對空的性格做觀照，而是從假入空觀；這種空，是透過假，種種事物，從這個假延伸出來的空觀。它不是純粹的空，而是從假入空，以這假作為一種線索，或者說作為一種依賴的情況而講這種空。所以這個空觀不是單純的空，不是離開假而講空，而是跟假連結起來的空。這點很重要，把空上提到比較高的層次，就是跟假關聯起來的空。這有什麼好處呢？有什麼意義呢？就是說它是觀照這個空，而這個空是顯現在假這方面，即是以假作為基礎，或說以假作為起點，上提出來的空，不是單獨的空。我們講中觀學的時候，講起空，就是空而已，跟假是分開的，空是基本的性格，假是在事物的表層所看到的印象，這空沒有包括這假，這是中觀學的說法。而智顗大師發展出另外一種想法，以假作為基礎來觀照空，所以空是連著這假一起的。然後假觀也是一樣，是從空入假觀，它所了解的假或者事物的世界，是以空作為基礎來講出來的。中觀學他們講這個假的時候，它就是假，沒有把空連起來。這是重要的分別，是天台宗對中觀學的空跟假，有進一步的開拓、發展。

接下來是中道正觀，正就是正確的、真實的中道正觀。這中道正觀也可以說是把空跟假統合起來，做一種對中道的觀照，這種觀照不是在認知的層面來講，而是在實踐方面講。如果從認知上來講的話，這中道正觀就是從空、假抽離出來的一個綜合的觀法，一般人都把它認為是認識論的實踐。智顗大師在這方面給中道或中道正觀提出一種新的詮釋，這種新的詮釋完全是從實踐的角度來講中道正觀。這裡有幾句很重要的文字表示中道正觀基本上是從實踐的角度來講，跟西方哲學所講的認知，沒有關聯的，就是：「入實者，名法久住。法久住者，則法身常存」（智者大師《維摩經略疏》卷3）。「入實者」的那個「實」就是終極真理，終極的實在，在天台宗來講，就是中道，也就是中道佛性。「入實」就是能夠體證這中道佛性，你會進入一種境界，在這種境界裡面「名法久住」，法久住就是有一種久住的性格的法，不會容易滅掉。久住是繼續存在的意味，法久住是在這觀照裡面，一切存在都會繼續存在，不會棄掉的。然後「法身常存」，法身是精神的主體，是真理的身體，「法」是真理的意味，即是真理的主體是一種精神性的身體，即法身，它會不斷的存在。這種實踐可以克服虛無主義，以為萬事萬物都是虛無。所以在這裡可以看到從實踐體證終極真理的方法，沒有認知的意味，完全是實踐的意味。另外，在上面所引文字附近，智者又說：「法久住者，令見佛性，住大涅槃」。在這裡，法性就是中道佛性，你如果能夠體證到中道佛性的時候，你的精神境界就在大涅槃裡面，你的境界已經到了涅槃的境界。這大涅槃是總體的目標，跟我們剛才講的從假入空觀跟從空入假觀這兩點也有關係。即是說，你的空觀是以假觀作為基礎，所以這裡不是那種虛無主義的說法，因為這種觀，有假為基礎，它是關連這個假而顯出來的空。然後，從空入假觀也是一樣，這種假是有空作為基礎觀照而得，所以有空的性格，這假，它的基礎是空，我們不會對這假有執著。如果我們對這假有執著，就表示這假會發展到一種對事物的執著，以事物有常住性的眼光來看。就因為它的基礎是空，所以沒有自性的內容，你就不會對諸法有所執著，認為諸法都有它的自性。這種講法，完全是從實踐的方式來進行，對於事物不會有一種虛無主義的看法，也不會有一種常住論的看法，這就是中道正觀。裡面還有很多的補充，我們這裡把最扼要的地方提出來。大家有沒有問題呢？

王明翠：老師所講的一心三觀是我們要同時一心觀察空、假、中這三個方面？感覺能夠達到這種境界真的是太難了。

吳汝鈞：對，一剎那，沒有次序，一起總和的把空、假、中三方面觀照、體證出來。如果修持一心三觀，到了最後你就對萬事萬物不會執著，因為它是空的，也不會把它們看成為是有常住性，這樣子你的境界就不停的提升，到最後，你的身體就從色身提升到法身的身體。法身是我們要成就的理想的境界，就是大涅槃的境界。

王明翠：這樣子按照天台宗的說法，萬事萬物都是同時包含空、假、中這三個方面嗎？

吳汝鈞：你對萬事萬物進行觀照，觀照的對象是空、假、中，這三方面。這三方面能夠統一起來，沒有空間、時間的性格，一剎那就能夠完成這三種觀照，那就是一心三觀。

第六章　華嚴學

一、判教說

劉珏伶：我來介紹一下華嚴宗。我簡單講一下，中國的佛教，滿長一陣子都是華嚴宗跟天台宗的互動，才形成了中國佛教大致的脈絡。華嚴宗的思想有五個代表的人物，有始祖杜順、二祖智儼、三祖法藏，跟後面的澄觀、宗密。唐代時已經有杜順是初祖的說法，到宋代時才有把這五人並列一起傳承的說法。雖然說華嚴宗的始祖是杜順，但是真正華嚴宗義理的規模是從法藏開始，建立很完整的思想體系，到澄觀跟宗密時開始有復興跟傳承。在經典方面一直以《華嚴經》（*Buddhāvataṃsaka-Sūtra*）為主。

吳汝鈞：你剛才提到那個宗密，他一方面是華嚴宗的祖師，另外他也是禪方面的教主。

劉珏伶：杜順跟智儼、法藏這邊是一系，法藏集華嚴宗思想的大成。但因為華嚴宗的思想深奧，所以沒有辦法流傳開來，直到澄觀的時候，他復興時，有涉入了禪宗跟天台的思想。然後除了對法藏的思想有繼承之外，宗密也以《圓覺經》取代《華嚴經》的地位。另外，澄觀之後跟法藏思想已經有一些差別。法藏在唐初的時候有講解《金獅子章》，他被拜為賢首國師，所以華嚴宗也被稱為賢首宗。

從智儼開始接受了一乘圓教的說法，偏向有宗，更重視心識的問題，天台宗則比較偏向空宗。法藏很重視《大乘起信論》言心、意、意識，此書與《攝大乘論》、唯識諸論屬於同一系思想。法藏上承杜順《五教止觀》的思想，智儼則傾向十玄、六相的思想，又取《大乘起信論》來確立華嚴的思想。所以華嚴宗在中國佛教主要表現在五教的判教思想，還有它的法界觀上面。

吳汝鈞：你這個前言的講法有參考一些別人的概論嗎？

劉珏伶：我主要參考兩方面，一面是老師中國佛教相關的論著，另外一面是郭朝順先生的文章。

吳汝鈞：郭朝順本來是在華梵大學，後來轉到宜蘭佛光大學，他研究天台，成果不錯。

劉珏伶：我在找書時發現他也有引用老師的書，也有引用唐君毅先生跟牟宗三先生的，思想上的脈絡上比較相近，所以我覺得可以參考他的文章。《華嚴經》的內容是看郭朝順先生這邊介紹的，華嚴宗主要是以《華嚴經》為思想的依歸。

《華嚴經》主要寫兩個部分，一個是釋迦牟尼佛陀在樹下成正覺，然後放光，顯示他覺悟的境界，轉化了這個經驗世界，變成了一個超越的世界，顯現出華藏的境界，有諸佛跟大菩薩陪伴，畫面很神奇。

吳汝鈞：這是屬於一種宗教神話，很多宗教裡面都有講這方面的事情。基督教的耶穌出現了，摸一下有痲瘋病的人的額角，後者的病就自動痊癒了。這是宗教神話。

劉珏伶：《華嚴經》裡面也有很多宗教神話。華嚴宗的架構是從《華嚴經》裡面的法界、菩薩行、始成正覺跟唯心幾個重點展開，它的法界觀與《華嚴經》的那個世界圖像很相似。特別是它的法界緣起，在這方面也很堪注意。關於這點，我們在後面會做詳細的論述。

另外，華嚴宗有個很重要的議題，就是它的判教思想，它把佛陀的教法分為小、始、終、頓、圓這五教。《華嚴玄談》有記載說：「教類有五，即賢首所立，廣有別章，大同天台，但加頓教。」其文獻根據可在法藏的《華嚴五教章》找到。大體是這樣，前面的一些部分是跟天台的判教思想類似，加入了頓教的思想。

吳汝鈞：你這裡提五教，在這裡面，法藏提出他的判教思想：小、始、終、頓、圓。小指小乘，始是大乘始教，終是大乘終教，頓指禪宗，圓指天台與華嚴。圓教有兩種：同教一乘與別教一乘；同教一乘指天台，天台到了最後依《法華經》開拓出天台的義理，天台的思想在華嚴宗內，是同教一乘圓教；另外一種圓教是別教一乘圓教，指華嚴宗，以《華嚴經》為依據。

劉珏伶：我先依序介紹一下。小教是藏教，代表的是《阿含經》，漢傳佛教通常對藏教比較沒有那麼重視，認為小乘教是對根基比較淺的人所說的教法。大乘佛教的本義是空：有眾生存在的「人空」，萬物存在的「法空」。華嚴宗認為小乘佛教對「人空」的理解正確，對事物有沒有常住不變的自性觀點理解不透徹。按大乘佛教所說，長久不變的自體不存在。第二部分是大乘始教，又區分為空始教、相始教。空始教強調一切現象事物、眾生的生命，都是「空」。代表的是般若系的經典。

吳汝鈞：你這裡講般若系經典，哪一些經典呢？你要把它列出來。它有般若思想跟中觀學這兩方面的文獻。

劉珏伶：老師有列的是《解深密經》跟《般若經》。

吳汝鈞：《般若經》有很多種，般若文獻總的來說就是《般若經》，下面有很多很多不同的經典，主要就是《心經》、《金剛經》等篇幅小的，另外篇幅最多的是《大般若經》，還有很多很多在這個範圍的。《般若經》的基本觀念，就是空，探討空這方面的義理。全《金剛經》是發揮空的義理，可是《金剛經》有一點很奇怪，全本經的文字裡面，沒有一個「空」字，可是整本《金剛經》都是講空。

劉珏伶：始教還有另外一部分是相始教，強調緣起，探討事物「有」的問題，雖然事物的本性是空，但還是有其存在性、存在規律，代表為瑜伽派的唯識經典。空始教強調事物本質是空，相始教則強調事物作為緣起的性格的有，大乘始教包含這兩個部分。

吳汝鈞：瑜伽派後來發展成為唯識宗。

劉珏伶：所以始教就是在探討般若與中觀的部分，跟瑜伽的唯識的部分，兩者都算在始教裡面。

第三個部分是終教，就是大乘終教，代表的是如來藏系的佛典。終教有別於空宗跟有宗，它比較強調佛性，也就是如來藏清淨心。它探討事物無自性空的本質及緣起而成就經驗世界。如何能證取其中的真理，則須要有智慧和覺悟的主體或潛能才能解脫成佛，這個覺悟智慧的主體或潛能稱為佛性、如來藏、清淨心、自性清淨心、如來藏自性清淨心、眾生心。

吳汝鈞：這幾個觀念：如來藏清淨心、自性清淨心、眾生心，有不同文字上的標示，內容都是歸到如來藏思想這一派裡面，這裡最要注意的就是「眾生心」，是《大乘起信論》裡面的一個很重要的觀念。在很多文獻裡面指的就是佛性。在天台宗來講，它把中道跟佛性合起來，提出中道佛性一個複合的名相。基本上都是指一種主體性。這種主體性在我們身上不斷轉動、開拓，如果你體證到這眾生心、清淨心或者中道佛性，最後就可以達致覺悟，成佛，能夠從輪迴這個大的圈圈裡面解放出來。

劉珏伶：終教的部分跟始教不一樣；始教只探討開始的階段，終教則強調發揮本有的佛性，達到終極真理的實踐方式。終教著重的地方在於證真理、實踐真理、解脫悟道的一系列流程。華嚴宗的始教跟終教囊括了印度佛教的中觀、唯識、如來藏思想。如來藏思想在印度並沒有那麼流行，但是傳入中國以後，被中國佛教徒重視，形成中國佛教的三大學派，華嚴宗就是其中一個部分。

第四是頓教。小乘佛教、大乘佛教包含前面小、始、終的範圍，頓教是華嚴宗有別於印度佛教跟天台宗而被提出的判教內容。小、始、終、圓四種教法以闡述義理為重點，「頓教」主要是說人透過頓然的方式來把握真理，像法藏的《華嚴經探玄記》裡面有說：「若一切相盡，唯一淨心，平等平等，離言絕慮，即屬頓教。」

吳汝鈞：這《華嚴經探玄記》是一本大書，在華嚴宗裡面滿重要的。小、始、終、頓、圓，這五教裡面有四教，是小乘教、大乘始教、大乘終教跟圓教，基本上是從義理的內涵來分判這四個教派。頓教跟小乘教、始教、終教、圓教性質不一樣，它基本上是從方法學來講，就是你要證成終極的真理，要做種種的修行，要靠這些修行才能達到頓教所講的最高的境界，是完全通過方法來講。什麼方法呢？就是頓的方法。佛教裡面提出兩種通往覺悟成佛的方法：一種是漸法，譬如說唯識宗就是講漸法，漸漸地，要經過多個階段一步一步上去，最後才能成就覺悟、得到解脫。另外一種方式，是禪宗所講的頓、頓然成佛、頓然覺悟。小、始、終、頓、圓這五種教法其實不能並列起來，因為頓教主要是講覺悟、解脫的方法，這個方法就是頓然，一剎那就成就了；漸法不是這樣，它採取漸進的方法來講覺悟、解脫。

劉玨伶：頓教主要是在講方法，這是一個超越文字、語言的那種侷限，是透過一些動作、聲音、圖畫來突破，然後予以超越，表示頓然覺悟的經驗。

吳汝鈞：這裡提到超越文字、語言、概念，因為這些文字、語言、概念，就是你要通過一種理性的方式來講這個終極的真理，這種方式就有那種漸教的分別性的表白的意味，禪宗強調它的覺悟的境界是超越語言文字。

劉玨伶：所以我們可以注意在禪宗史裡面，說最初印度的菩提達摩來中國傳教，他就強調對言語文字的不信任性，提出有獨特意味的四句真言：「教外別傳，不立文字，直指本心，見性成佛。」這就表示禪宗的修行方法超越言說文字，而且它是教外別傳，跟其他的教派可以在這方面分開來，教外別傳。不立文字，就是超越文字言說的種種限制，然後見性成佛。性就是我們的本性、佛性、法性，見性成佛是一種頓然一剎那之間的樣子，直指本心，見性成佛，要超越文字語言的侷限性。

第五部分是圓教，依華嚴宗的理解，圓教可以分成兩種，天台宗的「同教一乘」，跟華嚴宗的「別教一乘」。法藏的判教理論晚於天台的智顗，天台已經有了圓教理論，所以法藏要重新詮釋圓教的區別；天台的《法華經》、《涅槃經》屬於圓教，《華嚴經》則屬於別教，法藏將二者分為「同教一乘」跟「別教一乘」。「一乘」指一乘教法，以普渡眾生為其終極目標。「同教」是指佛修證得的境界可以通於佛以下的九界，就是菩薩、緣覺、聲聞、天、人、阿修羅、畜生、餓鬼、地獄這九界。天台宗講在修證得覺悟、解脫時，把自己的體證經驗分享給佛以下的九界，將佛法擴展給九界，分享這些境界的功德、覺悟。天台的圓教是先開展再收攝的圓教，這就是「同教一乘」。華嚴宗的「別教」指超越九界眾生之上的境界，不能與眾生分享，是比較崇高、超越的。所以華嚴宗的圓教是在九界之上的佛的境界，沒有辦法分享給下面的眾生。「同教」與「別教」的圓所指不太一樣，「同教」指包攝九界的圓滿，「別教」指超越九界的圓足。

吳汝鈞：我在這裡作些清晰的說法：華嚴宗在這裡提出有兩種圓教，一種是「同教一乘」，另外一種是「別教一乘」，他們所說的那個「同教一乘圓教」就是天台宗的圓教。關於「別教一乘圓教」，我們要注意「別」這個字眼，佛教把眾生講成有十種，這就是十界，佛最高，地獄最低。華嚴宗很強調佛的這方面的教法，就是最後你達到了覺悟的境界，達到了解脫這種目標，這是最高的。由菩薩一直下來到地獄，所謂九界，這九界的眾生跟佛界的眾生，有一種很明顯的差別，華嚴宗很強調佛跟九界眾生的分別，特別用「別」的字眼來講，「別教一乘圓教」專門指華嚴宗。華嚴宗以《華嚴經》作為文獻的依據，開拓出華嚴宗「別教一乘圓教」，講佛跟九界的眾生有一種很明顯的差別，佛界最高，然後那個次序一直下來，從菩薩到最後地獄，就是九界眾生，它是有這麼一種意向，把佛界跟九界眾生分別出來。

天台宗就有回應，他批判華嚴宗這種特別強調佛界跟下面九界眾生的分別。天台宗的後學，不是智者大師，就批評華嚴宗的這種講法是「緣理斷九」，這是非常嚴格的批評。就是說華嚴宗從義理上把佛界跟九界眾生分開，裡面就有一種趨向，從終極真理這一邊來講，佛界跟其他九界分開，結果就是你那種佛法，那教理，分得太清楚，對九界的眾生沒有照顧到；斷九，九就是九界。天台宗後學對於華嚴宗所強調的這種佛界，超越九界眾生，就有一種你的那種心量，那種包含性，變得太窄了，窄到只是照顧佛界裡面的眾生，其他那九界的眾生就不管了，天台宗有這麼一種批評。可華嚴宗就說，你說我「緣理斷九」，我就是要把佛界跟九界的分別顯示出來，表示佛法、佛界的特殊性，是最高的，九界就是在佛以外。他們那種考量在實踐上，只是強調佛界，沒有強調九界，所以天台宗就批評華嚴宗是「緣理斷九」。從華嚴宗這方面來講，我就是「緣理斷九」，佛界跟九界是分開的，分開來以後就顯出華嚴的最高的地位，就是相對於九界眾生來講，佛界最高，其他的九界，不能高攀，高攀不起。這是兩種教派互相質疑對方。

王明翠：老師我想問一下，像老師所說，如果從終極真理來看，佛界已經超越生死輪迴，已經超越六道輪迴，其他九界還是在這個生死輪迴之中，還是屬於？

吳汝鈞：沒有，十界裡前面那四界，都已經超脫了，亦即是佛界、菩薩界、緣覺界與聲聞界已經從輪迴裡解放出來了。

王明翠：那其他六界，還是屬於生死輪迴？

吳汝鈞：十界裡依據傳統的講法，佛、菩薩、緣覺、聲聞這四界已經達到覺悟，達到解脫的理想，不再輪迴了；另外從天開始下來，一直到地獄，就是所謂六道輪迴。在佛教裡面通常是有這種了解。

天台宗批評華嚴宗，不光是六道輪迴這幾界的眾生，連菩薩、緣覺、聲聞那些都撇開，單獨顯現華嚴宗的高明性。兩邊互相批評，天台宗批評說你這種宗教是「緣理斷九」，所關懷的領域太窄，不關心九界眾生，只是強調最後要發展到佛界，佛界是最高的，從天台宗來講這不夠，你照顧的範圍只有佛界，其他九界你就擱在旁邊。華嚴宗就回應說，我就是要把佛界跟九界分開來，才能顯出佛界那種高明性、獨特性。

兩邊互相批評主要的脈絡，就是我剛才所講的，天台宗可以說他所涉及的眾生的範圍是廣大的，天台宗是強調廣大這個觀念；華嚴宗就強調高明這方面，說這個高明性只有佛界眾生才能達到，九界眾生不行。所以一方面天台宗批評華嚴宗「緣理斷九」，另方面華嚴宗回應說，我就是要這樣才能顯出佛界的高明。

有人就這樣看，華嚴宗的發展是強調高明性，九界都不是高明的，對佛界來講，九界是低一等，華嚴宗強調它這個別教就是這麼一種意思。天台宗就說，你只是強調佛界，九界的眾生你怎麼對待，怎麼向他們交代呢？所以天台宗認為我們要普渡眾生，應該包括九界，所以這就是廣大。我們就在這方面做一個分別，華嚴宗是高明，天台宗是廣大，哪一個宗派最好？見仁見智。

廣大跟高明哪一邊比較好呢？最好是兩方面可以合起來，一方面有廣大，一方面又高明。可是這不可能，在天台、華嚴所講的圓教裡面，你不能得到這樣一種結果，另外其他那些天台跟華嚴以外的佛教教派，好像就是沒有照顧好。到底一個宗教的境界，高明性跟廣大性，這兩方面，哪一邊比較好呢？就有這個問題出現了。在思想史裡面就是這樣，兩邊都有話說，都批評對方，獨顯自己的優越性，到底是華嚴宗的圓教好，還是天台宗的圓教好，有不同的講法。如果你注意這種分別，以當代新儒學的眼光來看，他們有提出這麼一種高明跟廣大那種分別，牟宗三喜歡天台，喜歡他的廣大那一面，唐君毅有另外的看法，他認為最重要的是要有高明性。連當代新儒學在這一方面，還是有不同的意見，下來怎麼發展，不知道。

二、法界緣起

劉珏伶：「法界緣起」是華嚴宗所提出對於事物生起的說法，屬於佛教五種緣起說之一。其中「八不緣起」屬於虛說（間接表示），其餘四種則為實說緣起（建立理論）。其評參看吳汝鈞著《中國佛學的現代詮釋》第八章。以下先簡述除法界緣起外的四種緣起說。

八不緣起：是中觀學的緣起觀，「八不」是指「不生」、「不滅」、「不常」、「不斷」、「不一」、「不異」、「不來」、

「不去」，這八者是中觀學對現象事物的描述，否定它們在具有自性的脈絡下的生起，而不否定它們的常識的生起。

業感緣起：是小乘佛教的緣起觀，小乘佛教認為現象事物的生起與變化是隨著人的生死苦果，是人的「惑」（無明的煩惱和顛倒的見解）、「業」（惡業）、「苦」（苦果）因果相繼而成，不斷輪迴。這種業感緣起有時亦作業惑緣起。

阿賴耶緣起：是唯識宗的緣起觀，唯識宗認為阿賴耶識裡藏有無量數的精神性的種子，有些是清淨的，有些是染污的，當這些種子遇上適當的條件、因緣時，便會由潛藏的狀態變成實現的狀態，人的行為以至現象界都是如此現起的。

真如緣起：又稱為如來藏緣起，指現象界的種種事物依於真如心或如來藏而生起的。如來藏有如《大乘起信論》的「眾生心」，眾生心本是清淨的，但受到外界各種無明的因素所煽動，使內部分裂出「生滅心」。生滅心有染及不染，它的種種染法和淨法皆依生滅心為緣被生起，即是真如緣起。生滅心本身是附屬於眾生心，眾生心正是緣起的基礎，眾生心是如來藏，故稱如來藏緣起。

吳汝鈞：以上三種實說的緣起都是從現實的角度說明現象界的事物是如何生起，即是說，事物作為現象而生起，它們是在依因果關連從識心、生滅心而現起，又受到知性和感性而被認知。知性運用其自存的範疇如因果、實體與屬性之類，配合感性形式如時空之類，雙方合在一起，而認識種種現象物以至於整個現象世界。華嚴宗的「法界緣起」對現象事物的生起，不是從現實層面來述說生起，而是從理想的層面來說生起或緣起。具體地說，華嚴宗教主毗盧遮那（Vairocana）大佛在深沉的禪定中成就「海印三昧」（sāgaramudrā-samādhi）的禪定，大佛在海印三昧中將自己所體證得的關於現象世界的真相投射到這現象世界中，由此投射而達致的，便是「法界緣起」的境界。

華嚴宗描述毗盧遮那大佛在進入海印三昧禪定，從中醒來時，眉心發出白光向外照射，所及的現象世界都充滿華彩與光輝，事物都處於圓融無礙的關係中，整體充滿和諧的氣氛。以此觀照開拓出來的境界，或法界，並非現實世界的情況，而是基於三昧禪定的實踐或修行所達致的精神世界。此中也略有神祕主義的意涵。

如上面所說，華嚴宗宗《華嚴經》，這部經典所描述的覺悟境界十分崇高理想，華嚴宗的法界緣起觀是據此而發。另外，在天台宗的「五時判教」中，把《華嚴經》的教法放於五時首位，是佛陀覺悟後最初的教法，亦即是法界緣起的教法，而眾人無法理解佛陀宣講的內涵，二乘（聲聞、緣覺）亦是如聾如啞，佛陀才從基本的義理說起，這基本的義理便是原始佛教，亦即是四聖諦、三法印、十二因緣諸種說法。

華嚴宗的法界緣起中，所言的圓融無礙是基於諸種要素之間的「相即相入」的關係，以下對此作解釋：

相即：「即」是「空」、「有」兩方要素所代表的狀態。無論幾個因素條件互相作用，在這其中必須是有部分是「空」，有部分是「有」，此處的「空」、「有」並非指自性，而是指隱位與顯位的差異。隱位是順從、輔助的，顯位是主導、引領的，在兩者皆有且處於不同狀態的位置上才能交互作業、圓融無礙的生起事物。而「即」的意思就是隱位順從、輔助顯位，便是「空即有」，而「有」是不能即「空」的。兩者處於不同的狀態才能「常相即」；兩者若處於相同的狀態則會產生衝突。

相入：「相入」所區分、看重的是「有力」、「無力」，「有力」的是可以決定方向，具有主導、引領的力量，而「無力」則不能提供主宰的力量，只能提供輔助的力量。一件緣起的事物，是需要部分「有力」部分「無力」的交攝作用才能生起的。「相入」包含著「相攝」，二者的差異在於「無力」的部分輔助「有力」的部分，稱作「入」，「有力」的部分主導「無力」的部分，稱作「攝」。若以「無力」為 A，「有力」為 B，則稱作「A 入 B」，「B 攝 A」，而「力」所指稱的意思是優勢、主導、相對弱勢而言的「有力」。因此，在不同狀態的緣起上，在此「有力」的可能是在彼「無力」的狀態。

三、十玄六相

劉珏伶：由法界緣起下來，華嚴宗以十方面來說法界緣起，即是所謂的十玄門。在其中，每一門都是玄通無礙，都可以藉之契入華嚴的法界玄海，或真理的大海，故稱十玄門。這十玄門的說法，由華嚴宗二祖智儼所提出，經三祖法藏拓展和完成。前者稱為古十玄，後者則稱為新十玄。在這裡以新十玄為準，詳加說明：

1. **同時具足相應門**：每一法都同時具足，都彰現最高的真實，不必倚賴他者。
2. **一多相容不同門**：每一法都是相對，而互為自他；隨意舉一法都能總攝其他法。一能攝多，納多，而不失一，故一與多相容而不同。此中的關鍵是，就一法與多法共同成就華嚴的大緣起法界而言，彼此有相融相攝義。否則，大緣起法界即不能成立；但一法與多法並不相混。

3. **諸法相即自在門**：此中的相即有異體相即和同體相即。異體相即如因的待外緣而得果，由此而與外緣相即。相即即不離之意。同體相即為因的不待緣，而自身具足果德，以表現為果。它與果即為同體相即。初發心作佛與成佛果，即是同體相即關係。
4. **因陀羅網境界門**：因陀羅（indra）網即是寶珠網，在此網中一珠顯現一切珠，其餘珠亦然。這樣隱顯互現，而至於重重無盡，譬喻一切法的相即相入，重重無盡。
5. **微細相容安立門**：就構成大緣起陀羅尼法言，一切法門於一念中，可炳然齊現。這是說微細諸法異體的相容而相入。
6. **祕密隱顯俱成門**：隱覆法與顯了法俱時成就。由於諸法異體相即，而互為隱顯有無，故能同時成就。
7. **諸藏純雜具德門**：諸法的平等普遍為純，差別特殊為雜。諸法純雜之德皆具，而自在不相礙。
8. **十世隔法異成門**：過去、現在、未來三世，各有過去、現在、未來，合為九世。此九世相即相入，成一總世，與九世合為十世。此十世相即相入，成就一切修生成佛之事，這些事終始相涵，而成一大緣起法界。
9. **唯心迴轉善成門**：上面種種義門，都是一如來藏自性清淨心的迴轉表現。一切現象都是此心的自在作用所致，更無餘事。此心是理，迴轉是事，如是即依理成事。
10. **託事顯法生解門**：這是即事象而顯理法，與上面的依理法以成事象，合而見出理事圓融無礙。

以上有關十玄門的說法，見之於法藏的《華嚴一乘教義分齊章》。這亦是《華嚴五教章》。

以下看與這十玄門有非常密切關係的六相圓融說法。對於後者的說法，也見於《華嚴一乘教義分齊章》。按法藏是以六相配合其十玄門的說法來描述他的大緣起陀羅尼法界的合多為一，而一與多相攝相入，而相即，而圓融無礙的殊勝狀況。這六相是總相、別相、同相、異相、成相、壞相。《華嚴一乘教義分齊章》謂：「總相者，一含多德故；別相者，多德非一故，別依止總，滿彼總故；同相者，多義不相違，同成一總故；異相者，多義相望，各各義故；成相者，由此諸緣起成故；壞相者，諸義各住自法，不移動故。」

吳汝鈞：若進一步以哲學的眼光看六相圓融的理論，則可以這樣說，法藏的意圖，還是在說其法界緣起的觀點。他基本上是透過六個範疇，所謂六相，來說緣起。這六相剛好成三對：總與別、同與異、成與壞。以多少範疇來說，是無所謂的。重要的是我們應了解在這種脈絡下說的範疇，有甚麼意涵。這若與龍樹以八不來說緣起相比較，便很清楚。按龍樹說緣起，是透過否定的方式來說，他以緣起法沒有自性的生、滅，自性的常、斷，自性的一、異，自性的來、去。這生滅等範疇，都是決定的（determinate）概念，其決定性依自性而來。它們可以構成現象的世界。法藏的六相緣起，則以肯定的方式來說。他以舍來喻緣起的世界，以椽瓦等喻成就此世界的緣。他的意思是，舍是一個總體，椽等諸緣，在六相所表示的義理下，成就這個總體。緣起世界亦如是，它自身是一個總體，由諸條件依六相的義理而成就。但這緣起的特色，在於六相並不以自性說，而純採緣起的立場。在法藏所引的椽與舍的關係的譬喻，他即明言「椽即是舍」。即是，椽不是構成舍的一個部分，而是它自身即是舍，它「全自獨能作舍」。這意思是，就緣起以成就舍而言，椽是必不可少的條件。沒有椽，便不能成就舍。推而言之，緣起世界作為一個總體，其中任何事物，都是成就這緣起世界的必不可少的條件。

很明顯的是，在六相圓融的緣起法界中，六相並不以自性說。其所指涉的事物，不管是舍，抑是椽、瓦，都不是有自性的東西，故能相互融合無間。若有自性，便各成壁壘而不相容了。故六相圓融的緣起法界並不是構造論式的經驗世界，而是緣起實相，是終極真理的世界。

四、四法界

吳汝鈞：華嚴宗標舉的「圓融無礙」的關係，可以從多方面看到。除了六相之外，華嚴宗認為現象與實相之間，也有一種相即不離的關係，由此而提出四法界的說法，這也可以表現出華嚴宗的圓融的觀法。

所謂「四法界」就是「事法界」、「理法界」、「理事無礙法界」和「事事無礙法界」。事法界是一般常識層面的世界，它是流變無常，具有時間性與空間性的現象世界。理法界則是現象界的每一個分子表現出來的共同性，這共同的性格就是緣起、依因待緣的生起，即無自性空的本質。這理法界是直接指向空理的，也可以說是真理的世界。至於理事無礙法界即現象事物與空的真理之間處於一種相即不離、圓融無礙的關係。世間事物的本質是空，離開空的性格，現象界的一切便不能成立。反過來說，我們要體證空理，便是在這現象界中體證，離開這現象界，便無處可以體證了。沒有一個離開現象界的空的存在。所以空的理和事的現象之間是相即不離的。最後的事事無礙法界，即撇開真理的層面，純粹就現實層面的現象界來說，事物與事物之間，可以看到一種圓融無礙的關係。這是有關四法界的簡略的解說。

以下我們進一步，看看在佛教其他宗派裡，是否也包含這四種法界，從而顯出華嚴宗的特色所在。第一種事法界只表示現象界中有各種流變無常的事象，這是常識層面或現實層面的法界，只表現了一般人所看到的現象。這並不包含任何深刻的哲學智慧，所以不能表現華嚴宗的特色。至於理法界或空則是佛教所獨有的觀法，其他的宗教哲學如印度思想、中國思想都沒有談論空的境界。有人或許提到基督教神祕主義如艾克哈特（M. Eckhart）和伯美（J. Böhme）所提出的無（Nichts），但這只是基督教中極少數人的說法，而且是針對上帝而言，不能算數。在佛教，任何一個宗派都遵守「空」這根本義理，以之為基本的立場。不論是印度的原始佛教、小乘佛教、大乘佛教，還是中國佛教的天台宗、華嚴宗與禪宗，都不違離這空的義理。所以我們還是不能從理法界去看華嚴宗的特色。

至於理事無礙法界，表示真理與事象間處於圓融無礙的關係中。在佛教其他的宗派中，有沒有這種思想呢？答案是有的，最明顯的，莫如空宗的般若及中觀思想。般若思想方面，《心經》中有「色即是空，空即是色」的說法。色指現象世界，空指佛教所講的無自性空的真理。色即是空是說現象世界的本質是無自性的，一切法當體便是空。而空即是色則是從體證或實踐方法來說的，它的意思是空的真理必須在這現象世界中體現，離開這現象世界，便不能證得空的真理。從這兩句話，我們可以看到般若思想如何看真理與事象間的圓融無礙的關係。

中觀學也有這方面的思想。龍樹的《中論》有下面兩則話語：

> 眾因緣生法，我說即是空。
> 以有空義故，一切法得成。

我們先看第一則，這是《中論》三諦偈的首兩句。所謂「眾因緣生法」是指現象界的東西都是由因緣和合而成，都是無自性的，所以說「我說即是空」，這是偈語的表面的意思。若深一層來看，它隱含這樣的意思，即空這一真理，是建立在「眾因緣生法」之上。我們若要體會、把握這真理，就必須要從這現象界的因緣生法中去做，離開了這個現象世界，我們便不能理解空的義理。這和《心經》的「空即是色」是一樣的。所以我們說空理是依於法而存在的，並不是在法以外先有一個空理，離開了法，便沒有空可言。至於「以有空義故，一切法得成」，意思是說基於空這個性格，現象界的種種事物才得以成立。反過來說，若這世界沒有了空義，即一切事物都是具有自性，那麼緣起法便不能成立，這個世界也不會存在。因為自性是排斥緣起關係的。若事物都具有自性，那麼自性便自己決定了自己的存在，事物也就無須依待別的條件而生起，因而無所謂緣起。只有在事物無自性的狀況下，其生起乃依待因緣的和合。所以空理是緣起法的基礎，也即是現象世界的存在基礎。

總括以上兩則偈語，我們可以得出以下的意思：「眾因緣生法，我說即是空」表明了空依待法而成立，而「以有空義故，一切法得成」則表明法依待空而成立，即是說空和法兩者是互相依存的。就邏輯來說，兩個東西互相依存便是等同；其公式是：

$$a \supset b \cdot b \supset a \cdot = \cdot a \equiv b$$

當然這裡的等同並非就內容來說，空和法不是在內容上等同，而是在成立的機會上等同。即是說，真理與現象其成立的機會是均等的，不是兩者同時成立，就是兩者同時不成立。理事無礙法界就是建立在這真理與現象的相即不離、圓融無礙的關係上。從以上的分析，我們可以看到理事無礙法界也不是華嚴宗獨有的說法。

在四種法界中，只有事事無礙法界是華嚴宗所獨有的說法。在這裡我們要問：事事無礙的關係到底如何成立呢？在現象世界中，事物與事物之間都是對礙的，例如中央研究院中國文哲所要聘請一名研究員，申請人有十個，那麼必然有九個人會落選，這便是有對礙的關係。而華嚴宗所提出的事事無礙的關係，並不是從現象或現實的層面來說，它是從一個理想的層次或修行的境界來說。而這種事事無礙的關係是建立在上面所說的相即相入的邏輯上。由這相即相入所構成的事事無礙法界是華嚴宗所獨創的，這境界是佛在海印三昧禪定中所體證得。在這種禪定或觀照中，現實的境界可被提升到理想的、和諧的境界；不協調的相互障礙的東西可以透過這種法界觀提升至全面協調的無礙的境界。這法界觀中所展示的事事物物的關係自是具有理想的、價值的意涵的現象學維度。

進一步來說，作為認知的對象的事物，它們的對象性格是在時空形式和範疇概念所包裝而成的，故是認知心所了別的具有分別義的對象，這些對象都是決定的概念（determinate concept），因而可視為現象。而在海印三昧中成就的無礙的事物都是不決定的概念（indeterminate concept），它們不是現象，而是物自身（Ding an sich）。現象作為對象，是由感性和知性所認知，其認知的架式，是感性的形式，亦即是時間與空間，和知性的範疇。物自身是事物的如如的自己，不具有時間與空間的架式，也不受範疇所範鑄，我們可以感性與知性來理解現象，但不能理解物自身。要理解物自身，只能依靠睿智的直覺（intellektuelle Anschauung）。

最後一點是，世間的種種事物，為什麼在海印三昧的禪定中，會變得無礙呢？這中間有一個線索：世間的事物，作為現象或對象看，應是相互有礙的，亦即是相互排斥的，要讓它們變得無礙，不相互排斥，便要在它們的對象性被解構來看。對象性被解構，端在要摧破它們的時間、空間及範疇的那些架式，因此便要讓它們從作為對象性的架式中釋放出來，從對象轉化為物自身，因物自身之間是沒有排斥的、不相互對礙的。因此華嚴宗才特別提出佛的海印三昧的禪定，在這種禪定中，萬事萬物會相互蕩奪，蕩奪對方的對象性的架式，而還原為物自身。關於蕩奪的活動，唐君毅先生在他的《中國哲學原論原道篇》第三也說及，可參考。

第七章　壇經的思想特質——無

一、關於南宗禪或壇經的思想特質問題

如眾所周知，禪分南北二宗；北宗禪只流行了一段短時期，南宗禪則自慧能以後，歷久不衰，對中國的思想與文化，有重大的影響。南宗禪創自慧能；它的思想，也在代表慧能的說教的《六祖壇經》或《壇經》中奠定下來。故《壇經》所反映的思想，也可以說是南宗禪的重要思想。本文的目的，是要透過《壇經》這一重要的文獻，看看它的思想特質為何。這思想特質，自然也可以說是南宗禪的思想特質。

不過，南宗禪或《壇經》的思想特質問題，很富爭議性。若以自達摩禪以來所標榜的「教外別傳，不立文字，直指本心，見性成佛」這一宗旨作為《壇經》的思想特質，則一方面有不符事實之嫌，而且也搔不到癢處。「教外別傳」，「教」是甚麼涵義，「別」又是怎樣別法，都不易說清楚。即使說得清楚，也只是外在的說法，與內容無關。「不立文字」不是南宗禪所特別強調的，起碼不是《壇經》的意思。「直指本心，見性成佛」明顯地表示頓悟的方式，但這是很表面的方法上的問題，不足以決定思想上的特質或中心思想。《壇經》便這樣說過：

> 本來正教，無有頓漸。人性自有利鈍：迷人漸修，悟人頓契。自識本心，自見本性，即無差別。所以立頓漸之假名。（《大正藏》48·353上）

這是說，就教法來說，並沒有頓漸可言。頓漸是就悟入真理（本心、本性）的遲速分別言，故是方法學意義的，而且是很表面的，它不過是假名而已。不過，這裡的「自識本心，自見本性」，與上來所提的「直指本心，見性成佛」，都涵有強調本心、本性的意思，而在《壇經》中，亦多處提到性、佛性、自性及本心，特別是自性，則這性、佛性、自性、本心，能否說是南宗禪的思想特質呢？這還是有爭議的。性、佛性、自性都是指向佛性的問題。熟悉中國佛教史的人都知道，佛性自竺道生以來，一直都是中國佛教的中心課題。禪自然很重視佛性問題，它也很強調佛性或自性含具萬法，和能生起種種功用、功德。但這仍談不上思想特質。佛性問題不限於禪，而佛性含具萬法，能生起功用、功德這些意思，在比禪早出的天台宗智者大師已有充量發揮了。本心的問題，智者大師也談過；《大乘起信論》與華嚴系的思想也發揮過。這都是學界所熟悉的事。單憑佛性、本心，並不足以決定南宗禪或《壇經》的思想特質。

或許有人會提出：禪不是很強調禪定、瞑想這一類修行麼？禪不是由於重視這種修行而得稱為「禪」麼？又禪不是以強調自悟、自力以與別的佛教教派區分開來麼？這樣，我們不是可以說禪定的修行與自力成佛是南宗禪的思想特質麼？對於禪定的問題，我們的答覆是，禪定的修行，並不限於禪，天台宗也有；不過，天台宗比較多用「止」一名相，而較少用「禪定」。止與觀合起來，是天台宗智者大師的實踐上的雙軌。實際上，禪定的修行，在印度佛教已很流行。般若系的思想中，有六波羅蜜多（pāramitā），被視為菩薩所必須修習的德目，其中即有禪定波羅蜜多一項。再進一步說，禪定、瑜伽這種修行，或瞑想的實踐，在原始佛教與釋迦牟尼的教法中，已很受重視，甚至在印度教中，也有這種實踐方式。故禪定不能視為南宗禪的思想特質。至於自力成佛的問題，則我們要反問：禪是大乘佛教的一支，在大乘佛教中，除了唯識與淨土外，有哪一派思想不強調自悟、自力成佛的呢？當然，禪是非常強調自悟、自力的重要性的，整部《壇經》都充滿了教人要自家「識自本心，見自本性」的說法；但這只表示在提倡自悟、自力成佛的程度上的不同而已，不能視為決定特質的要素。

有人或者會提出，禪非常平實，富有生活氣息；禪趣與禪機，都落實到日常生活中去。馬祖的「作用見性」，南泉的「平常心是道」，龐居士的「神通並妙用，運水與挑柴」，都是在這種脈絡下提出的。禪門也常提到穿衣吃飯，屙屎送尿，都有道在。這種平實的生活氣息，是佛教其他教派所沒有的。這應可說是禪特別是南宗禪的思想特質吧。關於這點，我們的回應是，就平實的生活氣息言，禪表現得淋漓盡致，佛教的其他教派確是很少見的。它實在有很深厚的現世情懷（worldly concern）。《壇經》便說過：

> 佛法在世間，不離世間覺。離世覓菩提，恰如求兔角。（351 下）

這裡所謂的「世間」，自是指現實的一切日用云為而言。禪道是不能遠離現實的一切日用云為而表現的。經中也提到游戲三昧：

> 若悟自性，亦不立菩提涅槃，亦不立解脫知見。無一法可得，方能建立萬法。若解此意，亦名佛身，亦名菩提、涅槃，亦名解脫知見。見性之人，立亦得，不立亦得，去來自由，無滯無礙。應用隨作，應語隨答。普見化身，不離自性，即得自在神通，游戲三昧。是名見性。（358 下）

這游戲三昧，自是就在俗塵世間中說，「應用」、「應語」，都是生活的表現。覺悟（見性，徹見自家的真性、佛性、自性）是在世間中表現，覺悟後，還是不離世間，以「化身」的形式，化度眾生，「應用隨作，應語隨答」。這便是游戲三昧。不過，問題不是這麼簡單。禪很具有平實的生活氣息固是事實，但原始佛教特別是釋迦牟尼的教法，也是很平實的，它不強調理論或形而上的問題，卻是教人注目現實生活的苦惱問題，想辦法對治它們。關於這點，四部《阿含經》表現得很清楚。至於說覺悟要在世間中表現，以至覺悟後還要回向世間，以化身或應身的變化身來化渡眾生，這在《維摩經》（*Vimalakīrtinirdeśa-sūtra*）中說得也很多，天台宗的思想也很有這種說法。無疑禪在這方面表現得更為積極，但也只是程度上的不同而已，不足以決定它的思想特質。

二、從不取不捨與自性到無

這樣也不是，那樣也不是，到底南宗禪的思想特質是甚麼？或者說，它到底有無思想特質？

偌大的一個佛教學派，南宗禪肯定是有其思想特質的。讓我們還是從思想的淵源說起。《壇經》載五祖弘忍深夜為慧能講《金剛經》（*Vajracchedikā-prajñāpāramitā-sūtra*），至「應無所住而生其心」句，慧能便大悟，爆發出智慧的火花，特別提到自性的問題：一切萬法不離自性。並且說：

> 何期自性本自清淨，何期自性本不生滅，何期自性本自具足，何期自性本無動搖，何期自性能生萬法！

弘忍當下印可他的覺悟境界，並謂「若識自本心，見自本性，即名丈夫、天人師、佛」。（349 下）這是關鍵性的地方，從中我們可以窺測到南宗禪的覺悟的消息，和它的思想特質。這消息是，覺悟並不是寂靜不動的光板狀態，心卻是在運作著，不過，它對周遭的環境，並不取著（住）。取著即有所執持，而不免被所執持的所限制、束縛，而不得自在。不取著便能保持心靈的自在無礙狀態，而能繼續不停地運作。這心靈是我們的本心、本性，是成佛的潛能，故也是佛性。這個消息，顯然源於兩種思想：無住與佛性。下面我們即循著這兩種思想探索下去。

無住是般若文獻的一個重要的思想，甚至可說為是一種實踐。它的直接意思，是對諸法，不管是生滅的有為法，抑是無生滅的無為法，都不住著，不執取。此中的義理背景是，一切有為的生滅法，都是依因待緣而得成就。因緣聚合便生，因緣離散便滅，此中並沒有一常住不變的自體（svabhāva）可得，故不應對之取著。另外，對於那些無生滅的法，或無為法，如空（śūnyatā）、真如（tathatā）之類，它們都顯示真理，或事物的緣起無自體的狀態，並不是在真理的世界中，有一個稱為空或真如的常住不變的實體可得，故我們亦不對之取著。這便是無住。通常說無住，多是針對生滅性格的世間法而言，而較少涉及空、真如一類。

諸法既是因緣和合而成，其中沒有常住不變的自體，因而不應對之取著起執。同時，也由於它們是因緣和合而成，沒有常住不變的自體，因此不會對我們構成真正的障礙，因而也不必刻意去捨棄它們，甚至毀滅它們，而淪於虛無主義。這便是不捨。故無住的直接意思是不取，也隱含不捨的意思；它的整全的意思是不取不捨。實際上，不取不捨的字眼，常出現於般若文獻中。著名的《八千頌》，或稱《摩訶般若波羅蜜經》（*Aṣṭasāhasrikā-prajñāpāramitā-sūtra*）便這樣說過：

> 於諸法中無取無捨，乃至涅槃亦無取無捨。

取即是取著。又說：

> 般若波羅蜜不應色中求，不應受、想、行、識中求。亦不離色求，亦不離受、想、行、識求。何以故？色非般若波羅蜜，離色亦非般若波羅蜜。受、想、行、識非般若波羅蜜，離受、想、行、識亦非般若波羅蜜。

這裡以色、受、想、行、識五蘊來說。五蘊是構成吾人的生命存在的要素，亦可視之為泛指一切法，一切現象。般若波羅蜜指智慧。其意是，智慧不能單表現於一切法中，亦不能表現於遠離一切法中。單於一切法中求智慧，有住著於一切法中之嫌；遠離一切法，則淪於虛無主義，亦不能表現智慧。這顯然有以上所說的不取不捨之意。同經有時又單說不取，如：

> 般若波羅蜜是大珍寶，於法無所著無所取。

有時又單說不捨，如：

> 不壞假名而說實義。

假名（prajñapti）是分別諸法而施設的名字，通常可泛指諸法。

關於不取不捨，若就義理方面作進一步的發揮，則可以說，唯其能不取，心靈才能在變幻無常的世界中，任運流通，而無滯礙，表現種種妙用。唯其能不捨，心靈才能使其妙用在世界中落實，才能有作用的對象。能不取不捨，便能還世界一個本來的面目，而不起種種顛倒見，因而不生煩惱。要做到這個地步，需要有很高的智慧。般若文獻便很強調這種智慧，稱之為般若（prajñā）。

如上面所說，佛性自南北朝竺道生以來，一直都是中國佛教的中心課題。這佛性思想在印度佛教中亦有很深厚的淵源。以盛言佛性而為人所留意、重視的，當推《大般涅槃經》（*Mahāparinirvāṇa-sūtra*）。此經有一段文字，詳闡佛性的義理：

> 佛性者，名第一義空；第一義空名為智慧。所言空者，不見空與不空。智者見空及與不空、常與無常、苦之與樂、我與無我。空者一切生死，不空者謂大涅槃。乃至無我者即是生死，我者謂大涅槃。見一切空，不見不空，不名中道。乃至見一切無我，不見我者，不名中道。中道者，名為佛性。以是義故，佛性常恆，無有變易。無明覆故，令諸眾生不能得見。聲聞、緣覺見一切空，不見不空。乃至見一切無我，不

見於我。以是義故，不得第一義空。不得第一義空故，不行中道。無中道故，不見佛性。

這裡提到有關佛性的多方面的義理，由於篇幅所限，不能一一解明了。我們只想強調一點：整段文字充滿著關於真理的正面的、肯定的，甚至是建設性的涵義，佛性即在這種脈絡下被介紹出來。如我、不空、大涅槃、常、中道這些具有積極涵義的名相，都用來說佛性。這與比此經早出的般若文獻集中強調空的義理很不同。空是無自體之意，它畢竟是遮詮的作用，積極性總是不夠的。只就空來說真理，不是究極的、第一義的。空固然要說，但亦要說不空，才能顯揚涅槃的殊勝功德。這不空即是佛性。

上面說佛性是在正面的、肯定的、有建設性的語調下被提舉出來。《大般涅槃經》更以樂觀的語氣說佛性是「常、樂、我、淨」，不是「無常、無樂、無我、無淨」。又強調佛性是覺悟的基礎，是「一切諸佛阿耨多羅三藐三菩提中道種子」。又肯定佛性的普遍性，以一切眾生都有佛性，即使是愚癡如一闡提（icchantika）之流，亦有佛性，只是由於無明覆蓋著，不能顯現而已。

般若文獻的不取不捨的思想或妙用與《大般涅槃經》的佛性思想，特別是後者，對中國佛教的發展，有巨大而深遠的影響。不過，這兩者都少有碰頭的機會。般若文獻盛談般若波羅蜜多（prajñāpāramitā），表示完全的、完滿的智慧，又說般若智（prajñā）。對於諸法的不取不捨的妙用，都從般若智來說。但智或智慧的涵義是偏於發用方面的，它應有其所本，這應是心體；更徹底地說，應是佛性。成佛的基礎在覺悟，覺悟是心的作用；而心能發智慧，使人覺悟而成佛，故心應可說是成佛的潛能，或成佛的可能性，這即是佛性。這種理解，是很自然的事。不過，般若文獻還是很少談佛性的問題。其中一個可能的理由是，般若的思路總是傾向遮詮、遮撥方面，透過否定的方式來展示諸法的真相，或真理。像佛性這種具有正面的、肯定的涵義的觀念，般若思想大概難以容納。但隨著義理的發展，遮詮或否定的方式雖然可以避開一些思想的、概念的難題，例如囿於概念的有限性或做成概念的封閉性之類。但光是說遮詮、否定，終究難免淪於一偏，而成偏見，或邊見；只見真理的負面，而不見它的另一面，即正面。為了消除這種流弊，佛性思想便應運而生。《大般涅槃經》所盛言的佛性的常、樂、我、淨的殊勝德性，顯然可以中和由遮詮、否定的思路所帶來的偏於一邊的流弊。事實上，《大般涅槃經》是較般若文獻為後出的。爾後發揮如來藏思想的經典，如《勝鬘經》（*Śrīmālādevīsiṃhanāda-sūtra*）和《楞伽經》（*Laṅkāvatāra-sūtra*），大抵也是基於這種思想背景而興起的。如來藏即是佛性也。不過，這些文獻，卻又少談般若智慧的不取不捨的妙用方面。

把般若智慧的不取不捨的妙用依附到佛性上來說，或積極地發揚佛性的不取不捨的妙用的，是南宗禪，特別是《壇經》。不過，《壇經》很多時不用「佛性」這一字眼，而用「自性」；意思仍是一樣，只是「自性」更有自覺的涵義，更能顯示作為成佛基礎的潛能的內在性。關於這點，我們在上一節介紹慧能因聽聞弘忍講說《金剛經》而開悟這一故事中已可以看到。慧能開悟後，到了南方，即當眾宣稱：

> 於一切法不取不捨，即是見性成佛道。（350 下）

這是以對一切法不取不捨來說佛性的顯現。這不取不捨，其實即是佛性自身的作用。慧能在解釋大或摩訶（mahā）一詞時又說：

> 自性能含萬法是大。萬法在諸人性中。若見一切人，惡之與善，盡皆不取不捨，亦不染著，心如虛空，名之為大，故曰摩訶。（350 中）

這是進一步強調對象世界的種種物事，不以善、惡的分別心加以分割之，因而善則取之，惡則捨之。卻是教人超越這善、惡的二元對立，對善、惡之事物，不取不捨，只是隨機運用而已。這種隨機運用，亦不限於一般的物事，即作為覺悟境界的涅槃（Nirvāṇa），也是一樣的對待。這個意思，可見於下面慧能一偈中：

> 無上大涅槃，圓明常寂照。凡愚謂之死，外道執為斷。諸求二乘人，目以為無作。盡屬情所計，六十二見本。妄立虛假名，何為真實義？惟有過量人，通達無取捨。以知五蘊法，及以蘊中我，外現眾色象，一一音聲相，平等如夢幻，不起凡聖見，不作涅槃解，三邊三際斷。常應諸根用，而不起用想，分別一切法，不起分別想。（357 上-中）

整首偈都在發揮不取不捨的思想或修行。凡夫、外道、二乘修行者對於涅槃，都有不正確的理解，這都來自妄情計執，以至於生起多種（六十二種）邪見。只有具有智慧的人，能通達涅槃的真相，因而對之不起取捨的分別心。不取著涅槃，因而不捨棄世間；不捨棄涅槃，因而不滯於世間。這便是不取不捨。對於五蘊所代表的現象世界，也視之為平等平等，空無自體，不起凡聖二分的分別想法。最後幾句「常應諸根用，而不起用想；分別一切法，不起分別想」，很有意思。這很能顯示不取不捨的妙用的旨趣。一個能體證佛性或自性的人，他的感覺機能（諸根）能不斷在世間起用，但並不生起妙用的想法，因而不為某一妙用所束縛，能起這一妙用，也能起那一妙用。能分別諸法的相異之處，但並不生起分別的想法，為分別意識所束縛，因而能於異中見同。對於這「分別一切法，不起分別想」的意思，慧能在另一處談到一相三昧的禪定問題時，有很重要的補充。他說：

> 若於一切處而不住相，於彼相中不生憎愛，亦無取捨，不念利益成壞等事，安閒恬靜，虛融澹泊，此名一相三昧。（361上-中）

事物的相（lakṣaṇa, characteristic），就作為感官的對象言，自是各別不同，因而使人生憎愛之情，跟著便有取捨的行為。但不管是取抑是捨，都足以障蔽吾人對真相的了解；這真相即是緣起無自體因而是空這一性格。這是平等的，任何事物的真相都是這樣。故慧能教人不起憎愛，不取不捨，俾能保持虛靜的心境，與真相或真理相照面。

佛性或自性的這種對於諸法的不取不捨，確有它的奇妙性格。我們日常的理性，都有排中的思想傾向，這即是邏輯中所說的排中律（Law of the Excluded Middle）。即是，就有關取與捨的事例來說，我們不取著事物，便表示我們是捨棄事物；另一方面，我們不捨棄事物，便表示我們取著事物。取與捨是相對反的，不是這個便是那個，不是那個便是這個；此中並沒有第三個可能性，或中間的東西。這便是排中。但《壇經》說自性，卻不是這樣，卻是它既不取著也不捨棄事物，在事物中表現靈機無滯礙的運作、作用。這便是所謂「妙用」了。「妙用」這個詞彙，也出自《壇經》。慧能謂：

> 汝若欲知心要，但一切善惡，都莫思量，自然得入清淨心體，湛然常寂，妙用恆沙。（360 上）

> 念念無滯，常見本性真實妙用，名為功德（352 上）

即是說，對一切事物不起善惡的分別，因而不起住於善而捨惡的行為。這是體現心體的要訣。一切心念必須不能有滯礙。《壇經》到處都以心說性，因而亦可說這是體現自性的要訣，實亦是自性自身的表現。若能這樣，心體或自性便能一方面保持寂然的狀態，一方面卻又有恆河沙數般無量數的妙用。這真是體用無間，動靜一如也。

對諸法的不取不捨的妙用，預認一種不取不捨的主體，或主體性，這也是上文提到的游戲三昧的主體性。這主體性是慧能綜合了般若文獻的不取不捨與《大般涅槃經》的佛性思想而建立起來的。我們以為這主體性是南宗禪或《壇經》的思想特質。這是佛教的其他派系（包括北宗禪在內）所沒有的。慧能的自性，便是這種主體性。對於這樣意義的主體性，慧能更透過具體的實踐的方式展示出來，這便是「無」的實踐。「無」是道家的一個老觀念，在《老子》中，它指作為萬事萬象運行的基礎的那個形而上的原理，是實體（Substance）義。其後佛教傳入中國，為了使艱深的佛教義理，特別是空的義理，易於為人所理解與接受，佛教徒便以《老子》的無，來詮釋般若文獻的空。這是「格義」的一種有代表性的表現。這是大家都知道的事了。慧能在《壇經》中特別強調無。不過，這無絕不是《老子》的無，也不全是般若文獻的空。它是指我們的主體性的那種不取不捨的妙用或實踐。若要說主體性，它便是「無之主體性」。這「無」的義理，是《壇經》的思想特質。它的具體顯示，便是慧能所極為重視的三面實踐（threefold practice）：無念、無相、無住。以下我們即詳論這三面實踐。

三、無念、無相與無住

慧能在《壇經》定慧品中正面地就實踐面來闡釋他的禪法，所謂「法門」。他宣稱：

> 我此法門，從上以來，先立無念為宗，無相為體，無住為本。無相者，於相而離相。無念者，於念而無念。無住者，人之本性，於世間善惡、好醜，乃至冤之於親，言語觸刺，欺爭之時，並將為空，不思酬害。（353上）

這便是無的法門，或三無法門。「宗」、「體」、「本」並沒有根本的分別，都表示有基本的重要性的意思。對於這三無法門，都需要就不取不捨這一思路來了解。對於諸法的種種樣相，不必刻意捨棄，但要和它們保持距離，不要被任何樣相所繫縛、所束縛，要能「離相」。否則，便只能見一相而不能見其他的相了。這是「無相」。在我們的日常生活中，總會有種種想法、念頭生起，這是很自然的事，不必刻意壓止；但不能停滯於某一種想法或念中，否則，我們的心思便會被它所窒息，不能活轉了。這是「無念」。至於無住，慧能是扣著空來說的。他教人對於世間一切相對的事物與關係，如善惡、美醜、怨親，都不要刻意起分別，因而起相應的、相對的回應，如怨（寃）則害之，親則酬之。此中的理由是，諸法都是緣起而得成就，並無常住不變的自體，它們的性格，為善為惡，為美為醜，都是我們意識上的施設。若對之刻意起分別與回應，無異是自己以意識封限了自己。

跟著慧能對這「三無」有較詳盡的闡釋。要注意的是，這無念無相與無住的三面實踐，意思是相互牽連的，三者的關係非常密切，其中心思想即在自性的對諸法的不取不捨的妙用中。任何一面「無」的實踐，都不能在離開其他二者的脈絡下理解。關於無住為本，慧能說：

> 念念之中，不思前境。若前念、今念、後念念念相續不斷，名為繫縛。於諸法上念念不住，即無縛也。此是以無住為本。（353上）

念有所念，這即是境。我們對所思所念的境，在思念過後，便應忘卻，不應滯著於其中。不然，便會為這境所束縛，不得自由。必須對境隨念隨忘，心靈或主體性才能恆常地保持機靈動感，才能起用無窮。而對境的忘卻，亦不必是絕對義的捨棄。任何的境，都是可以再現的。

關於無相為體，慧能解釋說：

> 外離一切相，名為無相。能離於相，即法體清淨。此是以無相為體。（353 上）

外境呈現於我們的感官之前，而有種種不同的相狀。這些相狀只在心境的相對關係中成立，它們自身並無常住不變的自體，不能說實在性。對於這些相狀，我們不應取著，而應就其為無自體、無實性而了解之，這即是法體、法的本性。這其實是空的另一表示方式。

關於無念為宗，慧能解釋說：

> 於諸境上，心不染，曰無念。於自念上常離諸境，不於境上生心。若只百物不思，念盡除卻，一念絕即死，別處受生，是為大錯。學道者思之。若不識法意，自錯猶可，更誤他人，自迷不見，又謗佛經。所以立無念為宗。（353 上）

無念即是對於外境不起染著。「不於境上生心」，此心是分別心、妄執心，以境為有自體的心念。這種心念必須捨棄。要注意的是，無念絕不是不作念想，心靈不起運作之意，不是「百物不思，念盡除卻」，以至「一念絕即死，別處受生」之意。若是這樣，則生命便如槁木死灰，了無生氣。無念卻是在念想、念慮中運作，而又不為念想、念慮所滯。這無念自是主體性的活動。是甚麼主體性呢？慧能標之為「真如自性」。他繼續說：

> 云何立無念為宗？只緣只說見性，迷人於境上有念，念上便起邪見，一切塵勞妄想從此而生。自性本無一法可得，若有所得，妄說禍福，即是塵勞邪見。故此法門立無念為宗。善

> 知識，無者無何事？念者念何物？無者無二相，無諸塵勞之心。念者念真如本性。真如即是念之體，念即是真如之用。真如自性起念，非眼、耳、鼻、舌能念。真如有性，所以起念。真如若無眼、耳、色、聲，當時即壞。善知識，真如自性起念，六根雖有見、聞、覺、知，不染萬境，而真性常自在。（353 上-中）

真如自性是一個有新意的概念，且是複合的。它表示真如與自性等同。在哲學上，這表示真理（真如）與主體性（自性）是同一，真理並不外在於主體性。文中說「迷人於境上有念，念上便起邪見，一切塵勞妄想從此而生」，從這裡我們可以了解無念中的念的確義，和無念自身的確義。於境上有念，念上起邪見，這意思顯然是對境有滯著，而起不正確的了解，甚至邪見；以為境是有自體的、常住不變的。這便不見空的正理。一切煩惱（塵勞妄想）便由此生起。這種念必須要否定、要無念。是誰去「無念」呢？這便是真如自性。故真如自性是無念之真如自性，這種主體性是無念之主體性，或無之主體性。從這點看，文中的後半段在行文上是有些問題的，需要清理的。文中謂無是無二相、無諸塵勞之心，因而無是遮撥之意。但「無念」的「無」所遮撥的「念」，文中卻說是念真如本性，是發自真如而作為真如的運作（用）的念，是真如所起的念。這便不順適。因念若是真如所起的念、運作，則不應有染著，應是清淨的，不必「無」，也不應「無」。我想這裡慧能其實是說真如的那種沒有念慮、分別之念的運作，或念，這即是「無念之念」。前一「念」表有分別妄執的念，後一「念」則表無分別妄執的念。我們是不可能沒有念想的；沒有念想，心靈運作便停滯，失去生機。這不是慧能的意思。他的意思應是，在念想中，我們不住著於這念想，不在這念想中起虛妄執著。這便是沒有虛妄念想的念想，亦即無念之念。關於這點，後面會再有補充。

以上是《壇經》第四定慧品對三無（無念、無相、無住）的闡述。如上所說，這三無的意思是各各相涵的。如無念是不於境上生起邪見，而滯著於其中，這顯然有無住的意思。於境上生起邪見，這亦是著於境之相，要避免這種做法，自然要不著於境之相，這便是無相。這種各各相涵的關係，這裡不多贅。我們要指出的是，在這三無的三面實踐中，慧能較注重無念。在定慧品是如此，在經中的其他處，亦顯示這一傾向。為了對這三無作進一步了解，我們要就經中他處說到這種思想的地方，闡述一下。

首先看無住。上面提到，慧能是扣著般若文獻的空的思想來說無住的；他開悟的關鍵，是《金剛經》的那句「應無所住而生其心」。另外，《壇經》多次提到《維摩經》（見第五節），而該經的一個很著名的說法，是「從無住本立一切法」。另外，較慧能早出的天台宗智者大師，亦曾多次論及無住本及以之立一切法的問題。慧能說無住，很可能受到這些說法的影響，起碼受過《金剛經》思想的啟發。上面我們解釋定慧品所說的無住時，強調慧能是以空的義理來化解我們對世間事物的相對意識與滯著。這涵有我們對世間事物需保持一種任運通流的態度的意思，能任運通流，才能無滯礙，心靈才不會為事物所束縛。關於這個意思，《壇經》在別處說得很清楚。

> 迷人看法相，執一行三昧，直言常坐不動，妄不起心，即是一行三昧。作此解者，即同無情，卻是障道因緣。善知識，

> 道須通流，何以卻滯？心不住法，道即通流。心若住法，名為自縛。（352 下-353 上）

此中的關鍵語，自是「道須通流」。道是道路、真理。上面我們解慧能的「真如自性」，說慧能有真理即主體性的意思。故道須通流，即主體性須通流。能通流才能不滯。通流、不滯都是就主體性在萬法的運作中說。如何才能達致這個境界呢？慧能謂「心不住法」，即心靈或主體性不住著於任何物事中。這便是無住。對於這種境界，慧能又以偈表示如下：

> 兀兀不修善，騰騰不造惡；寂寂斷見聞，蕩蕩心無著。（362 中）

主體性不住著於相對性的善惡中，因而是任運自由，蕩蕩然無所寄。能無所寄，亦自然可以無所不寄。

般若文獻說空，是空卻作為生滅法的事象的自體，亦有空卻作為不生不滅的真理的空的自體之意，這即是所謂「空空」，表示空的自體亦是沒有的，亦要空卻。這種空空的說法在《壇經》的無住思想中亦是相當強調的。慧能說：

> 莫聞吾說空，便即著空。第一莫著空。（350 上）

無著或無住的對象，除了世間法外，還有出世間的空。

上面剛說過的意思，在《壇經》亦以無相的說法被表示出來。這實是《壇經》定慧品說無相的一個很好的補充。慧能說：

> 世人外迷著相，內迷著空。若能於相離相，於空離空，即是內外不迷。若悟此法，一念心開，是為開佛知見。（355 下）

此中以外說相，應是指外境而言。以內說空，不一定很順適。其意都是教人要離相，不住著於外境的相，也不住著於空的相。總之，相是不能執取的，不管是生滅法（外境）的相，抑是不生不滅的真理（空）的相。兩頭不取，才是無相的整全意思。

至於無念，無論在定慧品或他處，都有詳盡的闡述。例如，慧能在他處說：

> 何名無念？若見一切法，心不染著，是為無念。用即遍一切處，亦不著一切處。……使六識出六門，於六塵中無染、無雜，來去自由，通用無滯，即是般若三昧自在解脫，名無念行。……若百物不思，當令念絕，即是法縛，即是邊見。善知識，悟無念法者，萬法盡通；悟無念法者，見諸佛境界；悟無念法者，至佛地位。（351 上-中）

這裡以心不染著一切法來說無念，以念為念諸法，很明顯地是取無住的意思。無念與無住，意思是相通的。「用即遍一切處，亦不著一切處」，有不取不捨之意。用自是佛性或自性的起用，這起用遍及一切處，在一切物事中作用。若無物事，則這用便無所施了；故這有不捨的涵意。不著一切處，即是不取。另外，慧能很強調無念不是沒有念，完全不起思慮作用的意思，而是在起念慮中，要常保持清明自由狀態，不為所起的念所束縛的意思。「若百物不思，當令念絕」，生命心靈便枯槁，是不行的。這不斷念慮的意思，在他處更有強調：

> 又有迷人，空心靜坐，百無所思，自稱為大。此一輩人，不可與語（350 中）

> 莫百物不思，而於道性窒礙。（360 下）

> 惠（慧）能沒伎倆，不斷百思想。（358 中）

慧能的意思很明顯，思想或思慮絕不是壞事，我們的自性，也實在要時常思想、思慮，才能表現與發揮其妙用。問題是自性不能繫於思想、思慮自身，也不能繫於所思想、所思慮的東西中。這便是無念，或無念之念，或上引定慧品所說的「念而無念」。種種說法，都是一樣。

以上是《壇經》對無念、無相與無住的說法。這三無都是就對諸法不取不捨而起妙用言。無相與無住固是就諸法言，即無念亦不例外。剛才說慧能以心不染著一切法來說無念，即是以念為念諸法之意。另外，念自身亦可作為一種心法看，對於這種心法不取不捨，亦可為無念的所涵。若取著某一心法，則其他的心法或念便無法生起。另一方面，我們亦不必或更不能捨棄心法或念，因這表示主體性運作的停滯。故對於心法或念應不取不捨。

總的來看，《壇經》對三無的說法，還是較偏重不取方面的意思，這從上面的引文也可看到。但不捨的意思還是在那裡。經文多次說到自性含具萬法，以至建立、生起萬法，如上引慧能聞《金剛經》而開悟所說的話。他也曾就建立萬法來說功的問題：

> 自性建立萬法是功，心體離念是德。（352 上）

也曾就成一切相說心：

> 成一切相即心，離一切相即佛。（355 上）

這是在討論即心即佛的問題。慧能認為心、佛是在根本上無差異的，只是動態、靜態不同而已：心傾向於動態，佛則傾於靜態。在本質上，動靜仍是一如。「成」一切諸法的相，語氣較不捨更為積極。

故不捨的意思，還是在那裡，慧能只是較多說不取而已。實際上，他認為最高的教法（最上乘），是同時不取不捨的。他說：

> 見聞轉誦是小乘，悟法解義是中乘，依法修行是大乘，萬法盡通，萬法俱備，一切不染，離諸法相，一無所得，名最上乘。（356 下）

只會背誦文獻，不求甚解的，是小乘；只從事義理上的、概念上的了解的，是中乘；理解後而依教法來修行的，是大乘。即使是大乘，還未臻完滿。必須順著不取不捨的思路或方法來實踐，才是最完滿、最上乘的教法。「萬法盡通」，而又「萬法俱備」，便有不捨的意思，且語氣更有正面性、肯定性。能通才能說妙用。「一切不染，離諸法相，一無所得」，正是不取的意思。

四、無之哲學與實踐

由這無念、無相與無住思路所開出的禪，可以說是無之哲學與實踐。它的內涵是自性或主體性對諸法表現為不取不捨的妙用，或對諸法的不取不捨的妙用依附在自性或主體性中說。這裡所謂「哲學」與「實踐」，是連繫在一起而成一總體或綜合體（integrity）的。哲學不是離開實踐的概念的組合，實踐也不是沒有哲學觀念所表示的精神方向的一套行為。卻是哲學表現於實踐中，實踐也以哲學為基礎。就無相來說，諸法的性格本是緣起無自體，是空，它們有如是如是的相或相狀，只是這些緣起無自體的東西呈現於我們的感官，使感官有如是如是的相狀而已。因此我們不應對之取著，亦不必捨棄之。緣起無自體是哲學，不取不捨是實踐。不過，緣起無自體這種性格，須在實踐中體會，才有真切的、真實的涵義；而不取不捨這種做法，亦須有義理上的基礎，才能有方向。故哲學與實踐，在禪來說，是密切地聯繫著的。就無相的情況來說，哲學與實踐的結合，成就了對諸法的相狀同時不取不捨的無相之主體性。

其實慧能的無之哲學與實踐，不必到他在定慧品中提出三無的思路時才開出，早在行由品他提出著名的「無一物」偈時，已具雛形。按行由品，五祖門下神秀與慧能各作一偈，以顯示自家的開悟境界。神秀的偈是：

> 身是菩提樹，心如明鏡台，時時勤拂拭，勿使惹塵埃。（348 中）

慧能的偈是：

> 菩提本無樹，明鏡亦非台，本來無一物，何處惹塵埃？（同上）

我們在另一文中已提過，神秀的偈顯示出作者把心體看成是一清淨如明鏡的主體性，且把它置定在一個超越的位置，因而造成心體與萬法、超越與經驗分成兩截的二元對立形勢。慧能偈則無此二元對立的問題。它並未把主體性與萬法分別置定在超越的與經驗的位置，本來「無一物」也。卻是兩者同起同寂。有作用時便同起，未有作用時便同寂。此「時」亦非時間義，而是理論義。主體性與萬法，都是在作用的脈絡下說。既是在作用方面同起同寂，故主體性對萬法，並無要取要捨的問題，因而是不取不捨。此中根本不表現取、捨的意識。但倘若不是這樣，倘若主體性與萬法被分別置定在那裡，不是同起同寂，則在二元對立的形態下，主體性對萬法勢必有取或有捨；取則萬法泯沒於主體性中，捨則萬法一寂便永寂。無論是取是捨，都有泯滅萬法的傾向，這便流於出世與消極，這不是健康的精神方向。惟其主體性能不取不捨，才能保住諸法，才能真正顯示現世情懷，才是健康的精神方向。這裡我們是以現世情懷來說健康的精神方向也。

這「無一物」是慧能偈的關鍵語。其後慧能也曾多次提到這語句或相似意思的語句：

> 世人妙性本空，無有一法可得。（350 上）

> 說似一物即不中。（357 中）

> 若悟自性，亦不立菩提涅槃，亦不立解脫知見。無一法可得，方能建立萬法。（358 下）

上兩句的所說，都是就主體性言，但仍不出上面的意思。即是，主體性不能如我們一般看外物那樣，可以被置定於某一個位置中，因而將之看成一個對象，或對象化。最後的引文：「無一法可得，方能建立萬法」，意思深微，耐人尋味。此似是就主體性對萬法的作用而言，其意是，主體性不執取任何一法，才能成就其他的萬法。為甚麼呢？依我們的理解，倘若主體性為任何一法所囿，而執取之，則可能造成對主體性的束縛，使之無餘暇照顧、成就其他萬法。「無一法可得」是不取，「方能建立萬法」是不捨。合起來，剛好是不取不捨。此仍是指涉主體性對萬法的態度與作用問題。

無一物與不取不捨思想成就了禪的主體性，也直逼出這主體性的一個很根本的性格，這即是「不二」或「無二」。在哲學來說，二表示二元對立，是相對層面；它的作用是分割（bifurcation）。絕對的真理是不能由這個層面說的，它是一個絕對的整一體，不能被分割，任何二元的對立概念，不管是善惡、有無、一多、動靜之類，都勢必淪於相對的邊見或偏見，障礙真理的呈現，也破壞它的絕對性與整一性。故要顯現真理，必須破除一切二元對立的關係。這是一種哲學思想，也是一種實踐；在《壇經》來說，便是「不二」或「無二」。由於慧能以心或主體性來說性或真理，故「不二」、「無二」亦可顯示主體性的性格，這是絕對的性格。這性格自身是一種思想，需要透過實踐來體證。

在《壇經》中，有關無二的說法是很多的。以下是一些例子：

> 佛性非常非無常，……佛性非善非不善。……無二之性，即是佛性。（349 下）

> 明與無明，凡夫見二，智者了達其性無二。無二之性，即是實性。（360 上）

> 善惡雖殊，本性無二。無二之性，名為實性。（354 下）

> 識自本心，見自本性，無動無靜，無生無滅，無去無來，無是無非，無住無往。（362 上）

> 若解用即道，貫一切經法，出入即離兩邊，自性動用，共人言語，外於相離相，內於空離空。若全著相，即長邪見；若全執空，即長無明。（360 中）

> 但一切善惡都莫思量，自然得入清淨心體。湛然常寂，妙用恆沙。（360 上）

最後兩段文字，有很重的實踐意味。這點是很明顯的，我想不必多作解釋。這裡我們要強調的是，任何二元的對立概念，都是「無一物」，我們都應不取不捨，才能顯現主體性的智慧的妙用。就佛教的立場來說，二元的對立概念的所指，不管是狀態（例如動、靜）、關係（例如左、右），或性質（例如善、惡），都是我們的分別心識計度的產物，在客觀方面，並不是真有那件東西擺放在那裡。它本來是無的，「無一物」也。對於這些東西，我們習慣於採取一種或取或捨的反應，例如取善捨惡，或取動捨靜。不管是取抑是捨，都會使我們的內心失去平衡；也無從發揮主體性的妙用。若是取之，則會為所取所束縛，不能發揮其他的妙用；若是捨之，則會淪於斷滅，妙用便無處可施。故慧能教人無一物，不取不捨。這些義理，都是無之哲學的所涵。無之哲學的目標，自是要我們從相對性的二元對立的層面超越上來，而臻於絕對的境地。這便是慧能所說的「佛性」、「實性」，或「自性」。這都是主體性的異名。

說到無二或不二的問題，我們自然會想到《維摩經》。這部經典以宣示不二法與入不二法門見稱。維摩（Vimalakīrti）居士最後且現身說法，以「默然無言」的方式，顯示真入不二法門，引來文殊師利（Mañjuśrī）菩薩無比的讚嘆。就不二的涵義言，《壇經》與《維摩經》的理解都是一樣的，都是要超越相對性的二元對立的層面以展示絕對的境界。不過，《維摩經》說入不二法門，是只就菩薩這種理想人格的實踐言，此經入不二法門品第九開首即介紹維摩居士對諸菩薩所提的問題：

> 諸仁者，云何菩薩入不二法門？各隨所樂說之。

《壇經》則不同，它是就佛性或自性的性格說，即是，佛性或自性具有由不二或無二所表示的絕對的性格。故兩者說不二的脈絡不盡相同。

不二或無二是否定相對概念的兩端，這是一種雙邊否定。在佛教的傳統，雙邊否定總是指向中道這一目標。佛陀或原始佛教教人不要搞苦行，也不要縱情欲樂，應行中道，便有這個意思。中道的實踐意味是很重的。爾後的大乘佛教，大多言中道。特別是中觀學

（Mādhyamika），更以發揮中道的義理與實踐著稱。《壇經》也論到中道。慧能謂：

> 若有人問汝義，問有將無對，問無將有對，問凡以聖對，問聖以凡對。二道相因，生中道義。如一問一對，餘問一依此作，即不失理也。（360 下）

這樣說中道，與傳統佛教的說法不同。它充滿靈機與動感，可使人當機立悟。即是，它是以相對概念的一端（如有）與另一端（如無）作對比，而將之消去，自家亦消去，結果兩端都否定掉，同歸於寂，中道即在這種兩端否定、同歸於寂的脈絡下顯示出來。這表示絕對的真理是不能以任何相對的概念來說的。傳統佛教說中道，通常是透過同時否定相對的兩端而顯；以一端來抵消另一端，而同歸於寂的方式是很少見的。從這點亦可看到南宗禪妙用的一面。

以上的所述，是《壇經》所展示的南宗禪的無之哲學與實踐，它的思想骨幹在佛性、自性或主體性對諸法或現象世界的不取不捨的妙用方面，《壇經》和南宗禪的思想特質，都應從這裡說。從哲學理論言，慧能實已把「無」在主體性對世界的不取不捨的妙用這一脈絡下，提煉成一個理念（Idea）。爾後南宗禪的發展，不管是義理方面，抑是實踐方面，都是環繞著這個理念而展開的。這點可以在南宗禪的很多基本典籍中得到證明。即使是發展到公案禪，「無」字也成為一核心的公案，為修禪者所必須通過的門關。著名的公案禪結集《無門關》，便是以「無」字命名。作者無門慧開在這部公案結集的開首，便開宗明義地說：

> 佛語心為宗，無門為法門。

又說：

> 大道無門，千差有路。透得此關，乾坤獨步。

「無門」中的「無」，可指遮撥義的無，亦可指理念義的無。若取後者，則是無之門，是參透無之哲學的實踐或方法、門徑。在該結集的第一則題為「趙州狗子」的公案中，無門慧開又說：

> 參禪須透祖師關，妙悟要窮心路絕。……且道：如何是祖師關？只者一箇無字，乃宗門一關也。遂目之曰禪宗無門關。透得過者，非但親見趙州，便可與歷代祖師，把手共行，眉毛廝結。同一眼見，同一耳聞，豈不慶快！莫有要透關底麼？將三百六十骨節，八萬四千毫竅，通身起箇疑團，參箇無字。晝夜提撕，莫作虛無會，莫作有無會，如呑了箇熱鐵丸相似，吐又吐不出。蕩盡從前惡知惡覺，久久純熟，自然內外打成一片。如啞子得夢，只許自知，驀然打發，驚天動地。如奪得關將軍大刀入手，逢佛殺佛，逢祖殺祖。於生死岸頭，得大自在；向六道四生，遊戲三昧。且作麼生提撕？盡平生氣力，舉箇無字。

這段文字的涵義，精妙之極，禪的無之哲學與實踐的動感與力量，表露無遺。這實在把禪推至一個高峰。不過，由於這不是本文要討論的範圍，這裡便就此打住，由讀者自己去推敲、領會其中的精妙之意。

五、不是不立文字，而是不取不捨文字

最後，我們想澄清兩個問題，這都與上面所說的禪的思想特質有關。第一個問題是，很多人把禪理解為以孤寂為目標的修行法，所謂「禪寂」。禪當然有其孤寂的一面，特別是在修行的途程中，到某一個階段，是需要與外界隔離，俾能專心於生命的淨化。但這決不是禪的終極目標。禪的終極目標，就南宗來說，還是在轉化世間方面，一切不取不捨的妙用，都不能離開這個目標。修禪而淪於光板孤寂，超離世間，只是不善修學而已。這在宗門被譏為蛤蟆禪、老婆禪，或野狐禪。

另外一個問題是，很多人以為禪是不立文字，甚至要捨棄文字，排斥以文字來記載祖、佛的覺悟經驗的經典。這是不正確的，起碼作為南宗禪的哲學與實踐的基礎的《壇經》，並不是如此。南宗禪是禪的主流，我們通常也以它來概括禪。

實際上，慧能在《壇經》中常提到或引用佛經。此中包括《金剛經》、《大般涅槃經》、《維摩經》（《淨名經》）、《楞伽經》、《法華經》、《菩薩戒經》。另外，整部《壇經》有很多處提到般若波羅蜜多，可見它與般若思想的淵源，非常深厚。慧能自己也曾明確地說：

> 吾傳佛心印，安敢違於佛經？（359 上）

> 經有何過，豈障汝念？只為迷悟在人，損益由己。（355

下）

慧能對經典的態度，非常清楚。他自認自己的所傳，並不違於佛經；佛經自身絕不足以構成吾人在思想方面的障礙。吾人或迷或悟，都是自己負責。這裡似隱含一個意思：慧能固不排斥經典，亦不鼓勵人過分倚賴經典，卻要人努力修為，基本上以自家的力量進於佛道。至於文字，那是用以構成經典者，慧能亦從未排斥，亦未提倡不立文字。他對文字的態度，就關連到誹謗經典的問題，表示如下：

> 執空之人有謗經，直言不用文字。既云不用文字，人亦不合語言。只此語言，便是文字之相。（360 中）

又說：

> 直道不立文字，即此不立兩字，亦是文字。汝等須知，自迷猶可，又謗佛經。不要謗經，罪障無數。（同上）

慧能不但反對人誹謗經典，因為這樣會招來罪障、惡業。他對那些要捨棄文字的人也不以為然。文字的外在表現（相），便是語言；捨棄文字，也應捨棄語言，這是不當的。另外，「直道不立文字，即此不立兩字，亦是文字」，即是說，文字有它自身的作用，即使我們說不立文字，否定文字的存在價值，我們仍要靠文字來表示這個意思。這種論證不是很好。維摩居士不是以默然無言來表示入不二法門麼？這顯示出要超越文字，並不一定需要文字來做，不一定要「以言遣言」的。不過，慧能的意思很清楚，他未有提倡不立文字，也未否定文字的作用與價值。

儘管是這樣，宗門發展至後期，還是有呵祖罵佛的事發生，有人燒毀佛經，和焚燒佛像。這殆是慧能想像不到的。這些極端的事情的發生，恐怕有其背後的原因。一般的推測是，禪發展至末期，佛、祖師與經典的地位越來越高，特別是前二者，高至被宗徒當作偶像和咒文來崇拜，這大違六祖慧能強調的自悟、自覺的理性的精神。因此有人呵祖罵佛，燒毀佛經、佛像來提醒宗徒不要搞偶像和咒文崇拜，這是很可理解的。這種做法，實有其象徵意義（symbolism）。不過，這並不足以顯示禪特別是慧能禪不立文字。

慧能對文字經典到底持甚麼態度呢？他未有說不立文字，也對不用文字的人不以為然。這很明顯表示他對文字（經典）持不捨的態度。但這並不意味他非常重視文字經典。他雖說佛經沒有「過」，又說自己不敢違背佛經，但他畢竟念念在自悟，強調「迷悟在人，損益由己」。覺悟的關鍵，在乎自己能否憑自己的力量，開出智慧的火花。佛經在這方面幫不了很大的忙。若自己能開出智慧的火花，而得覺悟，則一切佛經都可以作為覺悟的註腳，因而可以「轉經」。否則，若只識背誦經文，而不求自悟，則只能跟著經文的腳跟轉，或是「被經轉」。對於這個意思，他說：

> 口誦心行，即是轉經。口誦心不行，即是被經轉。（355下）

他並說下面一偈：

心迷法華轉，心悟轉法華。誦經久不明，與義作讎家。（同上）

「法華」即《法華經》，泛指一般佛經。「心行」即是主體性能作用，能實踐。「心不行」則否。這「心行」是覺悟的關鍵，要靠自力。口誦經文是無關重要的。若主體性能開發出智慧的火花，則能覺悟，一切經典都成了覺悟的註腳。這表示慧能並不很重視經文，或口誦經文，他對文字經典的態度，殆是勸人不要取著它們，一切要以自家覺悟為主。

我們以為，慧能對文字經典的態度，是既不捨棄，亦不取著，即是不取不捨。這亦可以說是主體性或自性的一種妙用。

國家圖書館出版品預行編目資料

佛教的根本問題

吳汝鈞等著. – 初版. – 臺北市：臺灣學生，2022.08
面；公分

ISBN 978-957-15-1887-9 (平裝)

1. 佛教

220 111009878

佛教的根本問題

著 作 者 吳汝鈞等
出 版 者 臺灣學生書局有限公司
發 行 人 楊雲龍
發 行 所 臺灣學生書局有限公司
地 址 臺北市和平東路一段 75 巷 11 號
劃撥帳號 00024668
電 話 (02)23928185
傳 眞 (02)23928105
E-mail student.book@msa.hinet.net
網 址 www.studentbook.com.tw
登記證字號 行政院新聞局局版北市業字第玖捌壹號
定 價 新臺幣三〇〇元
出版日期 二〇二二年八月初版
ISBN 978-957-15-1887-9

22020